**Für meine wundervollen Großmütter Aaji and Maayi. R.S.
Annie und Bill gewidmet. A.H.**

1. Auflage 2022
Deutsche Erstausgabe
© 2022 Dragonfly in der
Verlagsgruppe HarperCollins Deutschland GmbH, Hamburg
Alle Rechte für die deutschsprachige Ausgabe vorbehalten

Text © 2021 Rashmi Sirdeshpande
Design © Hodder & Stroughton Limited 2021
Originaltitel: »GOOD NEWS. Why the World is not as bad as you think«
Erschienen bei Wren & Rook, Großbritannien
An Imprint of Hachette Children's Group, Part of Hodder & Stroughton, London

Aston Martin ® is a trademark of Aston Martin Lagonda Limited.
IKEA ® is a registered trademark of Inter-IKEA Systems B.V.
LEGO ® is a registered trademark of LEGO Juris A/S.
GAP ® is a registered trademark of GAP (Apparel), LLC.
Play-Doh ® is a registered trademark of Hasbro, Inc.
Slinky ® is a registered trademark of Poof-Slinky, LLC.
Unilever ® is a registered trademark of Conopco, Inc.

Umschlaggestaltung: Anke Koopmann, München
in Anlehnung an das englische Original
Gesetzt aus der Frutgiger 57 Condensed
von Gaby Michel, Hamburg
Druck und Bindung: CPI books, Leck
Printed in Germany · ISBN 978-3-7488-0185-6

www.dragonfly-verlag.de
Facebook: facebook.de/dragonflyverlag
Instagram: @dragonflyverlag

Hinweis:
Die in diesem Buch enthaltenen Webseiten (URLs) waren zum Zeitpunkt der Drucklegung gültig.
Es ist jedoch möglich, dass sich Inhalte oder Adressen seit der Veröffentlichung dieses Buches geändert
haben. Weder die Autorin noch der Verlag können für solche Änderungen Verantwortung übernehmen.
Alle Fakten und Recherchen waren zum Zeitpunkt Anfang 2021 korrekt.

RASHMI SIRDESHPANDE

GOOD NEWS

WARUM DIE WELT BESSER IST, ALS DU DENKST

Übersetzt aus dem Englischen von Ulrich Thiele

DRAGONFLY

INHALT

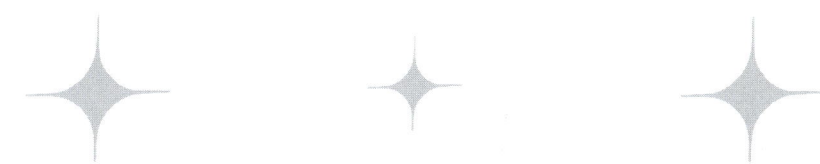

WELT WIRD IMMER BESSER

VOM AUSSTERBEN BEDROHTE TIGER FEIERN GROSSES COMEBACK

KINDER SO SCHLAU WIE NOCH NIE

SOLCHE Nachrichten will man lesen. Über das Gute und Schöne in der Welt, über Momente der Menschlichkeit. Und da draußen gibt es sogar eine ganze Menge davon. Doch wenn man, wie die Erwachsenen, Fernsehnachrichten schaut oder am Kiosk in der Zeitung blättert, begegnet einem fast nur schlimmes Zeug. Also richtig schlimmes Zeug.

Stell dir vor, du wärst ein außerirdisches Wesen, das sich soeben auf unseren Planeten gebeamt hat (und das rein zufällig eine Reihe menschlicher Sprachen beherrscht). Du machst einen kleinen Spaziergang, schaust dir die Straßen an, die Häuser und die Menschen, und irgendwann entdeckst du eine Zeitung, die förmlich vor Abscheulichkeiten platzt – vor Geschichten über Verbrechen und tragische Vorfälle. Alles handelt von der Zerstörung der Erde und der allgemeinen Schlechtigkeit der Welt, die immer schlimmer und schlimmer wird und wogegen man rein gar nichts tun kann. Würdest du noch ein Weilchen auf der Erde bleiben? Oder dich lieber schleunigst zurück auf dein Raumschiff beamen und den Hyperdimensionenantrieb anwerfen?

Ich würde wetten, du hättest schon vor fünf Minuten unser Sonnensystem verlassen. Denn wenn man den Nachrichten glaubt, sind wir **DEM UNTERGANG GEWEIHT**.

Apropos »Geschichte« – hatten wir dieses Wort nicht eben schon mal, als es um die Nachrichten ging? Ja, stimmt. Denn genau daraus bestehen Nachrichten: aus Geschichten. Welche Art von Geschichten ist dir lieber, wenn du ein Buch liest oder einen Film schaust?

OPTION A: Geschichten, in denen *nichts* passiert? Oder nur langweiliger Kleinkram. Abgesehen davon läuft es aber total gut und am Ende gehen alle zufrieden ins Bett? Oder …

OPTION B: Aufregende Geschichten? Du weißt schon – Bücher, die man nicht beiseitelegen kann, und Filme, die man am liebsten vorspulen würde, weil man wissen *muss*, wie es ausgeht?

Wofür würden sich wohl die meisten Leute entscheiden? Klar, für B. Wir stehen nun mal auf gute Geschichten. Und deshalb sollen auch Nachrichten gute Geschichten sein. Spannende, packende Geschichten. Ob es uns gefällt oder nicht: Spektakuläre und furcheinflößende Storys erregen unsere Aufmerksamkeit. Wir wollen mehr darüber erfahren. Wir behalten sie im Gedächtnis. Wir wollen anderen davon erzählen. Die anderen wollen wieder anderen davon erzählen. Und ehe man sichs versieht, schwirrt wieder irgendeine sensationelle Nachricht rund um den Globus – viel schneller, als man »Äh, wie war das noch mal?« sagen kann.

Aus diesem Grund liest, hört und sieht man überall so viele Gruselgeschichten und viel weniger **SCHÖNE GESCHICHTEN**. Doch exakt darum dreht sich dieses Buch: um **GUTE NACHRICHTEN**. Die gibt es nämlich auch, und nicht zu knapp. Sie werden allerdings nicht so laut hinausposaunt, weil sie häufig nur von schrittweisen Verbesserungen handeln, von kleinen guten Taten oder von Menschen, die tagein, tagaus einen bescheidenen Beitrag zu einer besseren Welt leisten. Und das ist leider nicht halb so fesselnd wie knallige Schlagzeilen über den baldigen Weltuntergang.

ÄLTERER HERR SEHR ERFREUT ÜBER REGELMÄSSIGEN BESUCH AUS DER NACHBARSCHAFT

WELTWEITER CO$_2$-AUSSTOSS GENAUSO HOCH WIE LETZTES JAHR

Die zweite Schlagzeile klingt nicht besonders spektakulär, oder? In Wirklichkeit wäre das ein **RIESENDING**. Denn wenn das so wäre, hätten wir deutlich mehr erneuerbare Energie genutzt, etwa aus Wind und Sonne. Und *vielleicht* auch unser Maximum beim Treibhausgasausstoß erreicht. Dann würde er ab sofort endlich zurückgehen.

Nicht falsch verstehen: Schlechte Nachrichten haben trotzdem ihren Sinn. Wenn wir nicht wüssten, was auf der Welt schiefgeht, wie sollten wir sie dann zu einem besseren Ort machen? Doch bei den ganzen Nachrichten, die wir uns antun, muss es ein Gleichgewicht geben. Und im Augenblick kippt es eindeutig in Richtung übles Zeug.

Wenn man ständig so viele *schlechte Nachrichten* mitkriegt, bekommt man natürlich leicht den Eindruck, alles wäre viel schlimmer, als es in Wirklichkeit ist. Erst durch die *guten Nachrichten*, die es eben auch gibt, erkennt man, wie großartig die Welt ist und was wir alle, also auch DU, dafür tun können, dass es so bleibt.

AUF SORGEN GEPOLT

Fragst du dich jetzt, warum zum Teufel wir eigentlich dermaßen auf schlechte Nachrichten stehen? Die Sache ist die: Wir sind auf Sorgen gepolt.

Damit schlagen wir Menschen uns schon lange Zeit herum. Vor Tausenden von Jahren hatten kleine Angsthasen nämlich die besten Chancen, nicht gefressen zu werden. Damals war es äußerst sinnvoll, überall Gefahr zu wittern und vor jedem Schatten und jedem kleinen Laut zusammenzuschrecken. Es war auf jeden Fall *ungefährlicher*, als voller Übermut loszumarschieren und womöglich von einem Raubtier verspeist zu werden. Im Hier und Jetzt bedeutet das, dass wir vom Schlechten, Bedrohlichen deutlich stärker beeinflusst werden als vom Guten, Schönen. Danach halten wir Ausschau und das bleibt uns im Gedächtnis.

Außerdem gibt es da noch ein zweites Problem: Um Zeit und Kraft zu sparen, nimmt unser Gehirn gerne mal eine ABKÜRZUNG – noch so eine lästige Urmenschen-Angewohnheit. So verlässt sich das Gehirn am liebsten auf die Informationen, die ihm am schnellsten in den Sinn kommen. Sehr ungünstig also, wenn sich zu jedem Thema im Nu etliche Erinnerungen an schlimme Geschichten finden lassen, weil es überall vor schlechten Nachrichten nur so wimmelt! Und weil uns Entsetzliches extra gut im Gedächtnis bleibt, erscheint es uns außerdem oft sehr alltäglich. Wovon aber meist keine Rede sein kann. Zum Beispiel Hai-Angriffe. Davon sieht man so viele eindrucksvolle Bilder, dass man meinen könnte, es würden andauernd Menschen von Haien ermordet. Tatsächlich ist das extrem selten der Fall (ungefähr fünfmal im Jahr). Weltweit werden mehr Leute von Elefanten und Flusspferden umgebracht (und von der tödlichsten Kreatur überhaupt: der Stechmücke!).

Grob gesagt ist unser Gehirn so gepolt, dass es gezielt nach schlechten Nachrichten forscht und diese abspeichert. Wenn es dann überall übles Zeug sieht, das es sich auch noch sehr gut merken kann, erscheint einem natürlich alles nur noch schlimmer. Hast du auch das Gefühl, dass es auf der Welt ziemlich gruselig zugeht? Ich könnte es verstehen. Oder hast du das Gefühl, dass du dieses Gefühl haben *solltest*, weil die Erwachsenen immer so gestresst und besorgt wirken? Könnte doch sein, dass an ihren Sorgen etwas dran ist? Ja, wie soll man da bitte den Überblick behalten?

Das soll nicht heißen, dass auf der Welt alles Friede, Freude, Eierkuchen wäre. Es läuft wirklich vieles falsch und wenn es besser werden soll, steht uns ein Berg Arbeit bevor.

Was denn sonst?

Aber das Gute ist: Mit dieser Arbeit haben etliche Menschen schon begonnen. Und da draußen gibt es haufenweise gute Nachrichten. Man muss sie nur finden.

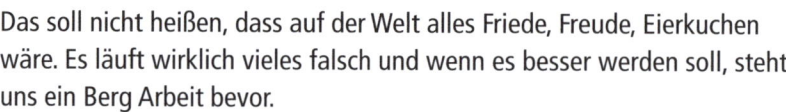

Dieses Buch soll die guten Nachrichten ins Rampenlicht holen. Schließlich brauchen wir alle ab und zu einen Lichtblick, damit es nicht zu finster wird. Wir brauchen alle etwas, das gegen unsere Sorgen hilft (oder wenigstens *ein paar* davon aus dem Weg räumt). Und wir brauchen alle ein bisschen Hoffnung. Hoffnung ist das Wichtigste überhaupt. Wenn ich sie in Flaschen abfüllen und verkaufen könnte, wäre ich Fantastilliardärin! Nur mit genügend Hoffnung können wir uns auf eine großartige, aufregende Zukunft freuen, in der wir *alle* eine wichtige Rolle spielen. Und das wäre doch schön, oder?

Also packen wir es an – sprechen wir über **ALL DAS, WAS GUT LÄUFT.** Von Menschen und Unternehmen, die etwas bewegen, bis zu Bäumen, die den Planeten heilen, und Drohnen, die Medikamente zu schlecht erreichbaren Patienten bringen. Reden wir über Menschen wie dich und mich, die Schritt für Schritt die Welt verändern. Wenn wir genau darauf einen großen, gleißend hellen Scheinwerfer richten, können wir wieder stolz sein auf uns und unsere Welt. Und wenn wir alle fest zusammenhalten, können wir uns mit vollem Recht auf das freuen, was vor uns liegt.

Denn weißt du was?

ICH GLAUBE AN UNS.

Und ich hoffe, wenn du dieses Buch gelesen hast, geht es dir genauso. Aber eins noch, bevor wir durchstarten: Wenn wir uns mit Nachrichten beschäftigen wollen, ganz gleich, ob mit guten oder schlechten, müssen wir uns zuallererst um ein extrem wichtiges Thema kümmern: um **FALSCHNACHRICHTEN.**

SUPERKURZER & ENORM PRAKTISCHER DETEKTIVLEITFADEN ZU ERMITTLUNGEN IN SACHEN

FALSCHNACHRICHTEN

Hast du schon mal von **FALSCHNACHRICHTEN** oder **FAKE NEWS** gehört? Es würde mich nicht wundern – sie breiten sich aus wie eine Seuche. Doch wenn man die Detektivlupe zur Hand nimmt, hat man sie rasch durchschaut.

Die Frage lautet: Was sind Falschnachrichten und wie kann man sie enttarnen? Machen wir uns an die Arbeit …

FALSCHNACHRICHTEN stimmen nicht. Sie sind unwahr oder zumindest irreführend.

Grundsätzlich gibt es zwei Typen von Falschnachrichten:

DESINFORMATION: Geschichten, die nur dazu erfunden werden, andere zu täuschen und etwas Unwahres glauben zu machen.

FEHLINFORMATION: Unwahre Geschichten, die ohne böse Absicht weitererzählt werden (also ohne andere täuschen zu wollen).

Eine Geschichte kann zunächst als *Desinformation* auftreten und später zur *Fehlinformation* werden. Wenn du einen Keks stibitzt und behauptest, es wäre jemand anders gewesen, setzt du eine *Desinformation* in die Welt. Wenn das nun irgendwer hört, dir jedes Wort glaubt und es genau so weitererzählt, handelt es sich um eine *Fehlinformation*.

Und dann gibt es noch die ganz normalen *Fehler*. Vielleicht hat derjenige, der die Meldung geschrieben hat, nicht alle Fakten überprüft. Weil die Geschichte eben schnell raus musste (im Nachrichtengeschäft ist Tempo angesagt). **NICHT GUT!** Doch wenn so etwas ans Licht kommt, werden die Meldungen meist sofort korrigiert. Das ist also etwas völlig anderes als absichtlich falsch verfasste Nachrichten – und genau vor denen muss man sich in Acht nehmen.

RICHTIGE FALSCHNACHRICHTEN!?

Jetzt wird es verwirrend: Manchmal werden Nachrichten, die absolut korrekt sind, von einigen Leuten trotzdem als Falschnachricht bezeichnet. Vielleicht, weil diese Leute nicht glauben wollen, dass sie korrekt sind … oder weil sie wollen, dass du sie nicht glaubst.

Okay, wie soll man sich da überhaupt noch auskennen? Ein gutes Indiz ist es auf jeden Fall, wenn der Vorwurf der Falschnachricht nicht mit handfesten Belegen untermauert wird. Denn wie man an jeder Detektivschule lernt: Auf die Beweise kommt es an!

> ICH HAB DEN KEKS NICHT GEKLAUT! DAS IST EINE FALSCHNACHRICHT! WARUM? WEIL … ÄH … WEIL ES EINE FALSCHNACHRICHT IST!

FALSCHNACHRICHTEN SIND NICHTS NEUES

Falschnachrichten gibt es schon sehr, sehr lange. In alten Zeiten ließen Könige, Krieger und Soldaten ihre Gegner glauben, sie hätten gewaltige Armeen und ein Arsenal voller grausiger Waffen, um sie von Angriffen abzuhalten. Sie warfen mit Lügen nur so um sich, um ihre Leute gegen den Feind aufzubringen und ihnen einzureden, dass sie »die Guten« wären und die anderen »die Bösen«. Ein anderes Beispiel stammt aus dem alten Rom: Nach dem Tod von Julius Caesar verbreitete dessen Adoptivsohn Octavius lauter Falschnachrichten, um den Ruf von Caesars Feldherr Marcus Antonius zu beschmutzen. Er ließ sogar Anti-Antonius-Münzen mit gemeinen Sprüchen prägen! Auch in Kriegszeiten sind Falschnachrichten sehr beliebt, und manche Politiker nutzen sie, um die Leute auf ihre Seite zu ziehen. Das nennt man *Propaganda*.

SCHNELLER, ALS DIE DATENPOLIZEI ERLAUBT

Das Problem ist, dass Falschnachrichten heutzutage irre schnell unterwegs sind. Früher, als es noch kein Internet, Fernsehen oder Radio gab und auch keine Drucker, dauerte es ewig, bis eine Nachricht die Runde

gemacht hatte. Wenn es schneller gehen sollte, musste ein Stadtausrufer her (jemand mit einer enorm lauten Stimme!), eine Brieftaube oder ein berittener Bote. Um 1440 herum wurde dann die erste Druckerpresse erfunden, also eine Maschine, mit der man Bücher, Flugblätter, Zeitungen und Plakate massenhaft vervielfältigen konnte. (Vorher musste man fast alles mühsam mit der Hand schreiben. Eine langwierige Angelegenheit, und dann erst die ganzen Fingerkrämpfe!) Mithilfe der Druckerpresse konnten sich Nachrichten viel schneller und weiter verbreiten. Doch heute, in Zeiten des Internets, braucht es nur noch einen Klick und fertig!

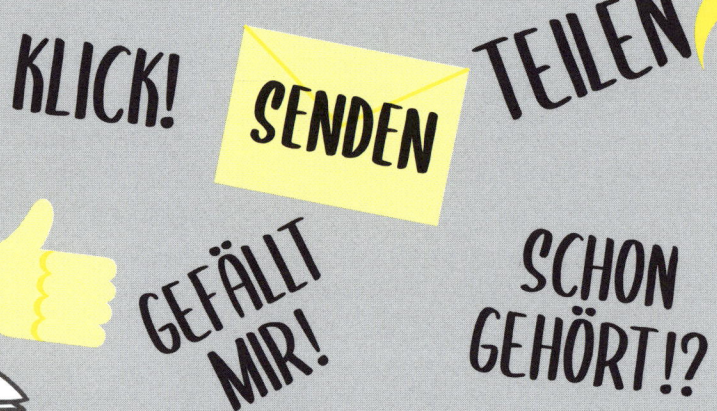

Wahrscheinlich kennst du viele Leute, die auf Social Media unterwegs sind. Dann weißt du, wie schnell ein Video oder Foto rund um den Globus RAST, sobald es von einigen Personen geteilt wird. Genauso schnell kann es mit Nachrichtenmeldungen gehen. Aber warum wird eine Meldung oft geteilt? Aus verschiedenen Gründen: weil sie interessant ist oder von jemand Interessantem handelt, etwa von einem Promi. Weil sie uns zum Lachen bringt. Weil sie überrascht oder sogar schockiert. Oder weil es richtig schöner Klatsch und Tratsch ist, den man einfach weitererzählen muss. Da auf Falschnachrichten *mindestens* eins davon zutrifft, kann man fest damit rechnen, dass sie auf Weltreise gehen.

Ein Beispiel: **MAYA** erzählt **CARLOS** von einer Nachricht. **CARLOS** teilt sie mit allen seinen Freundinnen und Freunden, auch mit **AKIKO**. **AKIKO** teilt sie wieder mit allen ihren Kontakten, auch mit **NOAH** … und so nimmt es seinen Lauf.

CLICKBAIT

Clickbait bedeutet »Klickköder«. Das sind besonders spannende oder abenteuerliche Internet-Schlagzeilen, die uns dazu bringen sollen, sie anzuklicken. Sie schreien geradezu

»KLICK MICH AN!«, »LIES MICH!«,

»ERZÄHL ALLEN VON MIR!«

Artikel mit so knalligen Überschriften werden manchmal sogar geteilt, bevor sie überhaupt gelesen wurden! Die Unternehmen, die damit Geld verdienen, finden das natürlich super. Denn im Online-Geschäft geht es vor allem um Klicks.

ACHTUNG, OBST IST UNGESUND!

Ist es natürlich NICHT. Dazu müsste man schon seeehr viel davon verdrücken. Also lasst es euch schmecken!

DIE SCHOCKIERENDE WAHRHEIT ÜBER DIE GRÖSSTEN KINOSTARS... (Da da DUMMM ...)

Warum das so ist? Weil andere Firmen wiederum dafür bezahlen, dass neben Nachrichtenmeldungen Werbung für ihre Produkte eingeblendet wird. Sensationelle Geschichten mit Köderüberschriften, die besonders oft angeklickt und geteilt werden, bringen also auch besonders viel Geld ein.

HALLO, ECHO?
ECHO?
ECHO?

Damit sich Storys wirklich schnell verbreiten, braucht es aber noch eine weitere Zutat: die **BESTÄTIGUNGSTENDENZ**. Hört sich ziemlich kompliziert an, ist aber sehr einleuchtend. Meldungen und Artikel, die unsere eigene Meinung widerspiegeln, sind uns einfach lieber als solche, die ihr widersprechen. Das heißt, wenn wir eine Story sehen, bei der wir sofort zustimmend nicken, geben wir sie gerne weiter. (Manche Leute glauben ernsthaft, die Mondlandung wäre ein großes Theaterstück gewesen (Wie schade für Neil Armstrong und Buzz Aldrin!). Stoßen diese Leute auf einen Artikel mit »Beweisen« dafür, schicken sie ihn GARANTIERT weiter. Vielleicht sogar, bevor sie ihn gelesen haben!)

Und weil unser Freundeskreis oft so ähnlich (oder genauso) tickt wie wir selbst, teilt er meist exakt die gleichen Artikel mit uns wie wir mit ihm. So entsteht eine …

ECHOKAMMER … ECHOKAMMER …

Auf diese Art geraten wir leicht in eine Blase, in der wir immer wieder die gleichen Aussagen über die Welt lesen. So eine Blase fühlt sich schön kuschelig an, sie ist aber auch sehr gefährlich. Denn es ist wichtig, dass wir mitbekommen, wie Menschen denken, die ganz anders sind als wir. Nur so stellen wir unsere eigenen Ansichten infrage. Nur so lernen wir etwas dazu. Und das bringt am Ende **MEHR** als jede Nachricht, die bloß bestätigt, was wir sowieso schon zu wissen glauben. Selbst wenn sie vom klügsten und vertrauenswürdigsten Menschen der Welt geteilt wurde.

Und wer weiß – vielleicht hat dieser supertolle Mensch beim Teilen nicht mal genau hingeschaut. Schließlich kämpfen wir heutzutage alle mit einer GEWALTIGEN ...

DATENFLUT!!!

Da draußen gibt es extrem viele Informationen, die ständig auf uns einprasseln. Wenn man dann noch die Falschnachrichten hinzunimmt, haben wir ein ernstes Problem: So viele Meldungen, von denen manche auch noch unwahr sind? Das verwirrt und stresst, anstatt Orientierung zu geben. Und weil etliche Menschen Geschichten glauben und teilen, die einfach nicht stimmen, kann es sogar gefährlich werden. Irgendwie müssen wir also die Tatsachen vom totalen Quatsch trennen. Das ist nicht leicht, aber es ist MACHBAR.

ES IST SO WEIT: WERFEN WIR DEN FALSCH-NACHRICHTENRADAR AN!

Erstmal: PAUSE. Nachdenken. Und *alles* infrage stellen. Nicht weil wir in einer großen bösen Welt leben, in der man niemandem trauen kann. Sondern weil es zu einer ordentlichen Detektivarbeit dazugehört, alle Infos genau unter die Lupe zu nehmen. Wie das geht? Stell dir die folgenden Fragen und du wirst bald jede Falschnachricht entlarven:

• **MOMENT, WER HAT DAS DENN GESCHRIEBEN?** Überprüfe die QUELLE, also woher die Meldung kommt. Wo bist du darauf gestoßen? Im Radio? In einer Zeitung? Ist es ein richtiger Artikel oder doch nur Werbung? Und was für Ansichten hat die Person oder Organisation hinter der Geschichte? Was für Werte? Auf vielen Internetseiten kannst du

»Über uns« anklicken und so vielleicht herausfinden, ob dahinter jemand steckt, der bloß eine bestimmte Meinung verbreiten will.

- **WER HAT DIE MELDUNG VERÖFFENTLICHT?** Ist die Quelle glaubwürdig? In deinem Land gibt es bestimmt (beziehungsweise hoffentlich!) angesehene Zeitungen oder öffentlich-rechtliche Fernseh- und Radiosender, denen man vertrauen kann. Oft findest du dort auch Angebote, die sich speziell an junge Leute richten. Auf der anderen Seite gibt es wahrscheinlich auch Medien, die es mit der Wahrheit bekanntlich nicht ganz so genau nehmen. Versuch doch mal, dich mit Erwachsenen darüber zu unterhalten. Mit deinen Eltern, einer Lehrerin oder einem Bibliothekar – wenn es um Top-Quellen für Informationen geht, kennt man sich nirgendwo besser aus als in der Bibliothek.

GUTE DETEKTIVINNEN UND DETEKTIVE SIND SICH NIE ZU SCHADE, RAT EINZUHOLEN.

- **WAS LÖST DIE MELDUNG IN DIR AUS?** Was glaubst du, will die Person, die sie geschrieben hat, erreichen? Falschnachrichten regen einen oft SO RICHTIG auf. Wenn es dir vorkommt, als würde die Geschichte vor allem darauf abzielen, zück die Lupe und schau besonders gut hin.

- **VON WANN IST DAS EIGENTLICH?** Wirf *immer* einen Blick auf das Veröffentlichungsdatum. Häufig werden alte Meldungen wieder- verwertet, was extrem irreführend sein kann.

- **HABEN DIE SICH BEI LEUTEN UMGEHÖRT, DIE SICH ECHT AUSKENNEN? BEI EXPERTINNEN?** Werden Behauptungen durch Zahlen und Zitate von offiziellen Stellen belegt, etwa von Behörden, der Weltgesundheitsorganisation oder den Vereinten Nationen? In Falsch- nachrichten ist das fast nie der Fall. Die legen mehr Wert auf wolkige Meinungen als auf nüchterne Tatsachen.

- **WAS GIBT DER FAKTENCHECK HER?** Findest du die gleiche Meldung auf einer seriösen Internetseite wieder (wenn du ganz sicher sein willst, lieber auf drei)? Falls du jemanden kennst, der viel Ahnung von dem Thema hat, kannst du die Fakten auch von ihr oder ihm überprüfen lassen.

- **HEY, MIT DEN FOTOS STIMMT DOCH WAS NICHT!** Manche Fotomontagen kann man entlarven, manche nicht. Mit der Technik von heute lassen sich Fotos und Videos (auch von Menschen) sehr überzeugend fälschen. Zunächst fällt man todsicher darauf herein. Doch bei genauerem Hinsehen wirken sie oft trotzdem ein bisschen schief. Ein Glück, dass du immer deine Lupe dabeihast …

- **IST DIE INTERNETSEITE VIELLEICHT NICHT GANZ KOSCHER?** Wie endet ihre Adresse, also die URL? Auf etwas »Normales« wie .de, .org, .net oder .com oder auf eine abenteuerliche Buchstabenkombination? (Allerdings kann man sich leicht eine »normale« Adresse kaufen!). Halte außerdem Ausschau nach Schreib- und Grammatikfehlern – auf seriösen Seiten wird so etwas *vierfach* überprüft. Darüber hinaus verraten sich Falschnachrichten gerne durch Großbuchstaben, Fettdruck, Unterstreichungen und Ausrufezeichen, denn ERNSTZUNEHMENDE QUELLEN BRAUCHEN KEINE GROSSBUCH-STABEN, KEINEN **FETTDRUCK** UND KEINE UNTERSTREICHUNGEN, UM IHRE AUSSAGE RÜBERZUBRINGEN!!!

- **ÄH, SOLL DAS EIN WITZ SEIN?** Kein Scherz: Manche Artikel sind *mit voller Absicht* albern und abwegig, etwa die der Internetseite *Der Postillon*. Sie sollen niemanden in die Irre führen, sondern für Lacher sorgen oder auf Probleme aufmerksam machen. Damit fallen sie in die Kategorie Satire oder Parodie, was etwas vollkommen anderes ist als Falschnachrichten.

Übrigens kann so etwas auch gehörig schiefgehen. Wie im Jahr 1835, als die *New York Sun* eine Reihe von Artikeln über das Leben auf dem Mond veröffentlichte. Darin kamen zum Beispiel Mini-Zebras vor, und Menschen mit Fledermausflügeln. Das Ganze war satirisch gemeint, die Leute nahmen aber jedes Wort für bare Münze! Am Ende kam die Geschichte sogar so gut an, dass sie von Zeitungen in aller Welt gedruckt wurde.

- **UND ZULETZT: WAS SAGT DEIN BAUCH?** Hören und *fühlen* sich Schlagzeile und Artikel glaubwürdig an? Gerade bei krassen und schockierenden Meldungen muss man misstrauisch werden.
Dieser letzte Punkt ist extrem wichtig. Hör auf deinen Bauch. Oder auf deine Spürnase. Wenn etwas zum Himmel stinkt … dann ist *wahrscheinlich* auch etwas faul. Auf jeden Fall sollte man auf **PAUSE** drücken, **GRÜNDLICH NACHDENKEN** und sich nach mehreren anderen verlässlichen Quellen umsehen.

ALLES KLAR SO WEIT?

Ich weiß, das ist eine Menge Stoff zum Nachdenken. Aber du bist dabei ja nicht auf dich allein gestellt. Wenn du über eine Meldung stolperst, die dich ganz tief die Stirn runzeln lässt, sprich mit Freunden, mit deiner Familie oder deinen Lehrerinnen darüber. Detektivbüros arbeiten schließlich auch im Team – wenn man die Köpfe zusammensteckt, kann man den Dingen leichter auf den Grund gehen. Und mit etwas Übung im Aufspüren von Fake News wird es dir immer leichter fallen. Möglich, dass du dich trotzdem noch von der einen oder anderen Story hereinlegen lässt (davor ist niemand gefeit!), aber im Allgemeinen wird dein **FALSCHNACHRICHTENRADAR** immer feiner kalibriert sein.

Was ich sagen will: Lass dich nicht entmutigen! Trotz Falschnachrichten kann man in Zeitungen, im Internet und Fernsehen eine Menge über die Welt lernen. Man muss nur ein bisschen **LICHT INS DUNKEL BRINGEN.**

KAPITEL 1

GUTE MENSCHEN

IN DICKER BATZEN MENSCHLICHKEIT, EINFÜHLUNG UND HOFFNUNG

Wenn unsere Welt eine gute Zukunft haben soll, müssen erst einmal ihre quirligsten, am weitesten verbreiteten und rundum *schwierigsten* Bewohner so etwas wie Hoffnung wecken. Sprich: wir selbst.
DIE MENSCHEN.

Wir Menschen tun *schlimme* Dinge. Kein Tier hat je für so viel Unheil und Zerstörung gesorgt und der Natur so übel zugesetzt wie wir.

TRAURIG, ABER WAHR.

Jetzt denkst du dir vielleicht: Ist ja ein toller Kapitelanfang in einem Buch über gute Nachrichten. Und falls du dich fragst, ob wir Menschen nicht tief im Herzen einfach nur schlecht sind, bist du nicht allein. Darüber grübeln Denkerinnen und Philosophen seit Tausenden von Jahren, bislang leider ohne richtiges Ergebnis. Doch zum Glück müssen wir gar nicht zu einhundert Prozent gut sein (uff!). Wir brauchen nur einen kleinen Lichtstreif am Horizont, nur eine Prise **HOFFNUNG**. Wenn in uns gerade so genug Gutes steckt und wenn wir gerade so genug gute Seiten haben, dann sollten wir klarkommen. Und hey, **GUTE NACHRICHTEN**: Ich würde sagen, wir *sind* gut genug! Falls dich irgendwer vom Gegenteil überzeugen will, kannst du mit diesen Argumenten Kontra geben …

1. SUPERTOLLE MENSCHLICHE EIGENSCHAFT: WIR KÖNNEN UNS EINFÜHLEN

Ob du es glaubst oder nicht: In der Regel können wir andere Menschen recht gut leiden (süß, oder?). Wir sind von Natur aus gesellig und konnten schon immer nur durch Zusammenarbeit überhaupt überleben. Als Jäger und Sammler hatten unsere Vorfahren in der Gruppe deutlich bessere Chancen, Nahrung zu finden und Raubtieren zu entkommen, als allein. Dadurch wurde uns sozusagen **EINPROGRAMMIERT**, uns zusammenzutun und aufeinander aufzupassen. Und ein zentraler Teil dieser Programmierung ist unser Einfühlungsvermögen.

Dazu gehören zwei wichtige Fähigkeiten:

1. WIR SIND ENORM GEFÜHLVOLL. Wir haben nicht nur Gefühle *für* andere Menschen, wir fühlen auch *mit* ihnen. Hast du schon mal einen Film geguckt, in dem jemand am Boden zerstört war? Und ging es dir dabei vielleicht fast genauso elend? Oder wenn sich jemand anderes kräftig den Zeh anstößt – **AUA!** Allein der Gedanke löst in dir ein Gefühl aus, oder? Es tut nicht so schlimm weh, wie sich selbst den Zeh anzustoßen, aber irgendetwas in dir zieht sich schmerzhaft zusammen. Das ist sogar wissenschaftlich erwiesen: Sehen wir jemanden, der Schmerzen hat, werden ähnliche Teile des Gehirns aktiviert, wie wenn wir selbst welche haben!

2. WIR KÖNNEN UNS IN ANDERE HINEINVERSETZEN. Wir sind verblüffend gut darin, die Welt aus einem anderen Blickwinkel zu betrachten. Und wir können das sogar trainieren, indem wir Bücher lesen und Filme schauen oder uns auf andere Art mit verschiedensten Menschen und ihrer Sicht auf das Leben beschäftigen. Ja, wir können uns sogar in Menschen EINFÜHLEN, mit denen wir scheinbar nichts gemeinsam haben. Ganz gleich, ob es eine Romanfigur ist oder die neue Nachbarin.

Warum das so wichtig ist? Weil wir nur durch Einfühlung verstehen lernen, wie es anderen geht und was sie brauchen. Hat man das herausgefunden, denkt man sich bald: Warum helfe ich denen nicht? Und dann fehlt nicht mehr viel, bis man ihnen wirklich unter die Arme greift! So führt Einfühlung zu Handeln – aus Mitgefühl und MENSCHLICHKEIT.

GUTE NACHRICHT KOMPAKT!

Bewohnerinnen eines Dorfes in der Nähe der indischen Stadt Mathura strickten farbenfrohe Riesenpullover für die Elefanten in einem Schutzzentrum, damit diese bei nächtlichen Temperaturen um den Gefrierpunkt nicht bibbern mussten. Jetzt haben die es schön warm und sind obendrein todschick angezogen!

2. SUPERTOLLE MENSCHLICHE EIGENSCHAFT: WIR SIND MENSCHLICH (ACH WAS!)

In den Nachrichten werden oft nur unsere schlimmsten Seiten gezeigt – unser nachrichtensüchtiger Alienkumpel muss uns für wahre MONSTER halten. Aber bedeutet »Menschlichkeit« nicht etwas ganz anderes? Ja, doch. Aus gutem Grund. Denn zumindest meistens sind wir wirklich menschlich.

NICHT LACHEN! DAS IST SO!

Im Alltag zeigt sich unsere Menschlichkeit meist in kleinen Nettigkeiten wie …

- miteinander teilen
- fremde Leute anlächeln
- anderen helfen, ihre Einkäufe hochzutragen
- den eigenen Sitzplatz für andere frei machen
- keinen Müll herumliegen lassen
- Kleidung und Spielzeug spenden
- einsamen Menschen eine Postkarte oder einen Brief schreiben
- Komplimente machen

JETZT DU! Wahrscheinlich bist du andauernd nett, ohne groß darüber nachzudenken. Aber versuch doch mal, eine Woche lang an jedem einzelnen Tag eine kleine freundliche Geste unterzubringen. Du wirst staunen, wie viel Freude du damit schenkst! Aber überleg dir *immer* erst, was deine Mitmenschen wirklich *brauchen*.

> # HEUTE SOLLTEN WIR UNS ALLE DIE FRAGE STELLEN: WAS HABE ICH DAFÜR GETAN, MEINE EIGENE UMGEBUNG ZU VERBESSERN?
>
> **Nelson Mandela**, südafrikanischer Aktivist und Ex-Präsident

Doch gerade Krisen und Tragödien bringen unsere besten Seiten zum Vorschein. Wissenschaftlichen Studien zufolge eilen bei Erdbeben, Überschwemmungen und Terroranschlägen stets etliche Menschen wildfremden Leuten zu Hilfe. Und hinterher raufen wir uns in aller Regel zusammen, um einander zu unterstützen und Mut zu machen. Wir verteilen Essenspakete, packen bei Aufräumarbeiten mit an oder geben denen ein Dach über dem Kopf, die obdachlos geworden sind.

Du erinnerst dich bestimmt noch an den Beginn der Corona-Pandemie. Ja, das war eine verrückte und beängstigende Zeit, in der alles ungewiss zu sein schien – doch die Menschen haben zusammengehalten. Kinder haben ihre Zimmerfenster mit Regenbogen-Bildern, Herzen und hoffnungsvollen Botschaften dekoriert. Im chinesischen Wuhan haben die Leute von ihren Hochhauswohnungen »Jiāyóu!« hinabgerufen (was wörtlich übersetzt »Gib Öl dazu« heißt, aber so viel bedeutet wie »Weitermachen!« oder »Ihr schafft das!«). In Italien wurde auf Balkonen gemeinsam gesungen und musiziert. Überall haben Leute nach älteren, gebrechlichen oder besonders gefährdeten Nachbarn geschaut und für sie Einkäufe erledigt. Auch viele Unternehmen haben ihren Teil getan,

haben Geld gespendet oder die Produktion ihrer Fabriken auf nützliche Dinge umgestellt. Kleidungsfirmen wie GAP und Autobauer wie Aston Martin haben plötzlich Mund-Nasen-Masken, Gesichtsvisiere und Schutzanzüge für Ärztinnen und Pfleger hergestellt. Es war zu spüren, dass wir das alle zusammen durchstehen müssen.

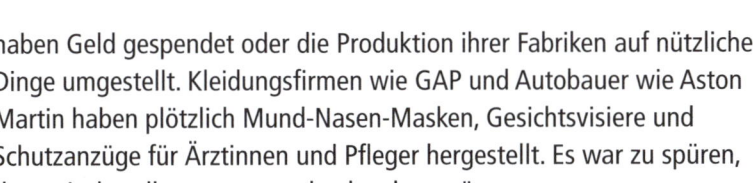

IIn England sammelte Captain Tom Moore, ein 99-jähriger Kriegsveteran, mehr als 32 Millionen Pfund für die nationale Gesundheitsbehörde (National Health Service) – indem er anlässlich seines einhundertsten Geburtstags mit seiner Gehhilfe einhundert Runden durch seinen Garten drehte! Dafür wurde er von der Queen zum Ritter geschlagen, zu Captain Sir Tom Moore.

In den USA ließ der zehnjährige Mateo Solis von seinem Geburtstagsgeld Flyer drucken, um Geld für ein dreijähriges Mädchen zu sammeln, das mit COVID-19 im Krankenhaus lag. Es kamen über 1000 Dollar zusammen.

In den Nachrichten kommen oft nur die paar Leute vor, die sich um Toilettenpapier balgen. Darum vergisst man leicht, wie viel Menschlichkeit es da draußen gibt. Dabei muss man meist gar nicht lange suchen, um darauf zu stoßen.

3. SUPERTOLLE MENSCHLICHE EIGENSCHAFT: WIR SIND KREATIV

Ohne Einfühlung und Menschlichkeit hätte unsere Spezies nie so lange überlebt. Doch fürs Überleben war noch etwas anderes nötig: Kreativität. Neue Ideen und Erfindungen zu entwickeln, nie dagewesene Lösungen für Probleme zu finden – das sind unsere Stärken.

Katzen können kein Feuer anzünden, wenn ihnen kalt ist. Sie können keine Häuser bauen, keine Musik machen und auch nicht tanzen. *Wir schon.* In den vielen, vielen Jahren des menschlichen Fortschritts haben wir Unglaubliches geleistet. Inzwischen sausen wir sogar in Kisten aus Metall und Holz durch die Gegend und manchmal bis hinauf zum Mond!

Spulen wir doch mal ein paar Hunderttausend Jahre zurück, zu den richtig urigen Urmenschen. Sie konnten nicht mal sprechen wie wir! In der Wissenschaft gehen manche davon aus, dass unsere Sprache erst vor ungefähr 50 000 bis 70 000 Jahren nach und nach komplexer wurde. Von da an konnten sich unsere Verwandten auf einmal über sehr interessante Themen austauschen. Nicht nur über das, was sie gesehen hatten, oder über Gefahren, denen sie knapp entronnen waren. Sie konnten auch über Dinge reden, *die in der Zukunft lagen.* Sie konnten Ideen formulieren.

»MIAAUUUU?«

Nicht dass wir die einzigen kreativen Wesen auf der Welt wären. Schau dir nur die Orang-Utans mit ihren selbst gebastelten Rückenkratzern und Laubblatt-Regenschirmhüten an! Oder die Laubenvögel, die aus Eicheln, Moos, Früchten und Blüten dreidimensionale Kunstwerke basteln! Doch in der Anthropologie (also der Wissenschaft vom Menschen) geht man davon aus, dass nur wir unsere Ideen zusammenführen und mit der Zeit immer weiter ausbauen.

Das heißt: Wenn ein Mensch etwas erfindet, kann ein anderer Mensch dieser Erfindung etwas hinzufügen oder sie durch eine leichte Abwandlung verbessern … oder aus ein und derselben Grundidee etwas vollkommen anderes machen.

Schon gewusst? Slinkys (diese Riesenspiralfedern, die Treppen hinuntersteigen können) waren ursprünglich zur Befestigung von Schiffsinstrumenten gedacht. Und Play-Doh zum Putzen von Tapeten! Selbst Autos haben viele Veränderungen durchgemacht und wurden stetig weiterentwickelt – zu zuverlässigeren, schnelleren und inzwischen sogar *sauberen* Fahrzeugen, also zum Beispiel elektrischen Autos, die der Umwelt viel weniger schaden.

Gerade wenn Not am Mann ist und die Mittel begrenzt sind, haben wir die genialsten Ideen. In Indien spricht man von JUGAAD, in Brasilien von GAMBIARRA und in Kenia von JUA KALI, gemeint ist aber immer das Gleiche: eine schnelle, spontane Lösung für ein akutes Problem zu finden. So kommt man auf …

- einen Stromgenerator, der von einem Fahrrad angetrieben wird
- einen Kühlschrank aus Ton
- einen Eimer oder eine Flasche mit Löchern drin, um einen Wasserhahn zum Duschkopf umzufunktionieren

UM EHRLICH ZU SEIN: Solche Schnell-Erfindungen halten selten ewig und können sogar zum Problem werden, wenn sie zu improvisiert sind. Trotzdem finde ich, dass man vor so viel menschlicher Kreativität ganz tief den Hut ziehen muss.

So interessant das alles ist, warum beschäftigen wir uns hier eigentlich damit? Wie du weißt, haben wir gewaltige Herausforderungen vor uns. Aber das Tolle ist: Unsere Kreativität **LIEBT** Herausforderungen. Denn so richtig glänzen kann sie nur …

… WENN ES WIRKLICH HAARIG WIRD ✓

…WENN UNSERE MITTEL, ETWA UNSERE ZEIT UND UNSER GELD, BEGRENZT SIND ✓✓

…WENN ES ZIIIEMLICH DÜSTER AUSSIEHT ✓✓✓

… UND WENN ES DRINGEND ZEIT FÜR EINEN DURCHBRUCH IST.

BÜHNE FREI FÜR UNSERE KREATIVITÄT. Es braucht nur einen kräftigen Schuss Erfindergeist, um auf völlig neue Lösungen zu kommen, die alles umkrempeln. Zum Beispiel auf die Maschine zum Hände waschen, die ein neunjähriger Kenianer namens Stephen Wamukota aus Holz gebaut hat. Über Fußpedale lässt man das Wasser laufen und die Seife spritzen und muss so keine verkeimten Wasserhähne mehr anfassen.

Dank unserer Kreativität können wir die Kraft von Wind und Sonne nutzen, Impfstoffe entwickeln und Materialien wiederverwerten, die sonst direkt auf der Müllkippe gelandet wären.

Kreatives Denken bedeutet, das Beste aus dem zu machen, was man hat (und oft haben wir nicht allzu viel). Es bedeutet, Herausforderungen anzunehmen und diese auf die eine oder andere Weise zu bewältigen. Dafür sind wir geradezu geschaffen.

JETZT DU! Wie würdest DU deine Kreativität zum Wohl der Allgemeinheit einsetzen? Was würdest DU erfinden, um anderen zu helfen? Denk mal darüber nach. Vielleicht wäre das ja der richtige Job für dich, wenn du groß bist. Den lieben langen Tag über kreative Lösungen für die Probleme der Menschheit grübeln ... Also ich fände das klasse!

4. SUPERTOLLE MENSCHLICHE EIGENSCHAFT: WIR LERNEN AUS UNSEREN FEHLERN

Wir machen wahrlich nicht immer alles richtig. Doch wir können daraus lernen. Wenn wir etwas sehr Heißes anfassen – AUTSCH! –, wissen wir von da an, dass wir das lieber sein lassen sollten. Eben weil wir imstande sind, dazuzulernen und uns weiterzuentwickeln, verwenden viele Menschen inzwischen weniger Wegwerfplastik oder verbrauchen beim Duschen weniger Wasser. Ganz zu schweigen von all den großen Veränderungen, die erkämpft wurden und noch werden: das Recht auf Freiheit für alle, das Recht zu wählen und das Recht auf faire Behandlung, egal, wer man ist und woher man kommt. Jahrtausendelang fanden unsere Vorfahren manches vollkommen in Ordnung, das heute, wo wir zum Glück schlauer sind, praktisch überall als einhundertprozentig nicht in Ordnung gilt – zum Beispiel Sklaverei.

Wir verändern uns, wir entwickeln uns weiter. Das gehört zum Menschsein dazu – und das ist gut so! Stell dir nur vor, wie die Welt aussähe, wenn wir nie aus unseren Fehlern lernen würden.

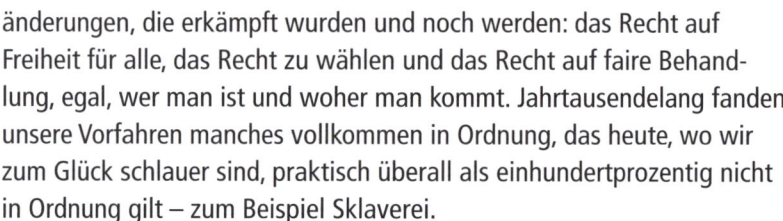

NEE, LASS ES. VIEL ZU GRUSELIG!

5. SUPERTOLLE MENSCHLICHE EIGENSCHAFT: WIR KÖNNEN HOFFEN

Zu unseren größten Pluspunkten gehört, dass wir Hoffnung empfinden können. Zugegeben, das hört sich so an, als würden wir uns im Kreis drehen: Was uns vor allen Dingen Hoffnung machen sollte, ist, dass wir hoffen können. *Na super.*

ABER HALT. DAS WAR ERST DER ANFANG!

HOFFNUNG!

Ich meine damit, dass wir selbst in tiefster Dunkelheit oft einen kleinen Lichtschimmer entdecken. Dass wir immer daran glauben, dass es besser wird. Dass wir träumen. Auch in schweren Zeiten können wir das Gute im Schlechten erkennen und bessere Tage in der Zukunft erspähen. Und wenn in den Nachrichten der **WELTUNTERGANG** prophezeit wird, sagt die Hoffnung mit leiser Stimme: »Das wird schon.«

Klar, manche Menschen sind zuversichtlicher als andere, und es gibt Zeiten, in denen Lichtblicke schwer zu finden sind. Deshalb sind Selbsthilfegruppen und Beratungsstellen für Menschen mit psychischen Schwierigkeiten so wichtig, wie die britische Organisation *Mind* oder *StrongMinds* in Uganda und Sambia. Sie kümmern sich um alle, die das Gefühl haben, dass es keine Hoffnung gibt. Manchmal können aber auch wir selbst Hoffnung schenken – indem wir für andere da sind, ihnen zuhören und die Hand reichen, wenn ihnen alles zu viel wird.

Hoffnung ist immer der erste Schritt. Ohne Hoffnung würden wir weder unsere Kreativität spielen lassen noch unsere Menschlichkeit zeigen. Ohne Hoffnung würden wir gar nicht erst *versuchen*, Probleme anzugehen. Weil wir genauso gut auf dem Sofa gammeln und nichts tun könnten.

> **»... WIE UNS DIE GESCHICHTE LEHRT, KANN TAPFERKEIT ANSTECKEND SEIN UND HOFFNUNG EIN EIGENLEBEN ENTWICKELN.«**
>
> **MICHELLE OBAMA**, Anwältin, Aktivistin, ehemalige First Lady der USA

WAS NOCH ZU TUN IST

Wie es aussieht, sind wir Menschen tief drinnen also gar nicht so verkehrt – nochmal Glück gehabt! Und trotzdem müssen wir uns alle zusammen ins Zeug legen, um jeden Tag …

- einfühlsam
- menschlich
- kreativ
- und verständnisvoll zu sein.

Aus diesen Zutaten kann Großartiges entstehen – von kleinen Veränderungen im Alltag bis hin zu gewaltigen Umwälzungen.

Stimmt schon, die Welt jagt einem manchmal richtig Angst ein und *gelegentlich* sind wir Menschen wirklich keine Engel. Aber wenn genug von uns einfühlsam, menschlich und kreativ sind … aus Fehlern lernen und *hoffen* … dann, ja …

DANN WIRD DAS SCHON!

UND WEITER? DAS KANNST *DU* TUN:

LIES DICH SCHLAU: Die Menschen erscheinen dir durch und durch verdorben? Du siehst tiefschwarz für die Welt? Da draußen gibt es Tausende gute Nachrichten, man muss sie bloß finden! Also mach dich mit einer oder einem Erwachsenen auf die Suche – nach Informationen über gute Menschen und Organisationen. Lies stapelweise Bücher mit tollen wahren Geschichten aus aller Welt, über Menschen, die schwere Zeiten durchgestanden, sich mit anderen zusammengetan und an ihre Träume geglaubt haben. Irgendwann wirst du einsehen müssen, wie großartig wir sein können! Und durch Lesen (ob wahre oder ausgedachte Geschichten) verpasst du nebenbei deinem Einfühlungsvermögen einen dicken Boost.

REDEN, REDEN, REDEN: Du kannst auch im Kleinen dazu beitragen, aus anderen das Beste rauszukitzeln. Unterstütz sie bei guten Taten, mach ihnen Mut zur Menschlichkeit. Und weil ständig über ach so spannendes **SCHLIMMES** Zeug geredet wird, sprich du dafür über das **GUTE**. Aber schön laut!

MACH DEN MUND AUF: Wenn du mitbekommst, wie sich jemand danebenbenimmt, sag es ihm oder ihr – freundlich, aber bestimmt. Das könnte genau der Denkanstoß sein, den es braucht.

WERDE AKTIV: Übe dich in Menschlichkeit und Kreativität. Versuch, die Welt hier und da um eine Winzigkeit besser zu machen. Reich anderen die Hand. Wie genau? Es muss nichts Großes sein: ein Lächeln, ein Kompliment, eine Weile zuhören (Zuhören wird sowieso *schwer* unterschätzt). Eine einzige freundliche Geste kann einen Riesenunterschied machen. Und sie kann andere auf die gleiche Idee bringen – so wie ein Steinchen, das man in einen See wirft, weithin Wellen schlägt. Mach dir außerdem immer wieder bewusst, dass es viele gute Menschen gibt, selbst wenn man sie nicht sofort sieht. Dass wir aus unseren Fehlern lernen. Dass wir uns ändern können und uns auch *wirklich* ändern.

KAPITEL 2

GUTE POLITIK

VORREITERINNEN, DREAM TEAMS UND EINE BESSERE ZUKUNFT

Das kennst du bestimmt: Du willst lange aufbleiben, aber deine Eltern erlauben es dir nicht. Oder zwei aus deiner Klasse unterhalten sich im Unterricht über ein extrem wichtiges Thema, zum Beispiel was es zum Mittagessen gibt … bis sie von der Lehrerin aufgefordert werden, leise zu sein, zuzuhören und womöglich sogar mitzuarbeiten. Das alles funktioniert nur, weil die Erwachsenen in diesem Fall die **MACHT** haben. In der Politik geht es auch sehr viel um Macht: Wer hat sie und wozu wird sie gebraucht? Wer trifft die Entscheidungen? Wer hat das Sagen? Bei dir zu Hause vermutlich ein Erwachsener oder mehrere (außer es ist ein Baby da. Dann hat meist das Baby das Sagen). In der Schule die Lehrerin oder der Lehrer. In der *ganzen* Schule die Direktorin oder der Direktor, und manchmal darf auch die Eltern- oder Schülervertretung mitreden. Doch wenn die Erwachsenen über Politik sprechen, meinen sie meist nicht diese Dinge. Sondern die **GROSSE POLITIK**.

WENN DU WEIT HERAUSZOOMST, siehst du, wer die Macht im Land hat. Je nachdem, in welcher Ecke der Welt du lebst, ist es eine Premierministerin, ein Präsident oder eine Kanzlerin. Ganz gleich, wie man sie nennt, sie sind alle die Nummer 1.

WENN DU NAH HERANZOOMST, siehst du, wer die Macht in deiner Gegend hat – Lokalpolitiker, die gelegentlich im schlecht sitzenden Anzug und mit zweifelhafter Frisur im Fernsehen auftauchen und langweiliges Zeug reden. (Okay, das war unfair. Einige haben eine *fantastische* Frisur.)

WENN DU GANZ NAH HERANZOOMST, siehst du uns, Leute wie dich und mich. Die »kleinen Leute«, wenn man so will. Doch in vielen politischen Systemen sollen sie die wahre Macht haben. Mehr dazu auf S. 44.

Und wie funktioniert das Ganze nun genau? In der Regel gibt es mehrere Parteien, also Politik-Teams. Sie bestehen aus Anführerinnen und Anführern und etlichen weniger mächtigen Leuten, die diese unterstützen.

Die Parteien sollen zum Wohl des Landes zusammenarbeiten, gleichzeitig sind sie aber auch Konkurrentinnen. Besonders, wenn eine Wahl ansteht, bei der natürlich jede den Sieg erringen will.

> ## WÄHLT UNS! WIR SIND DIE COOLSTEN!

> ## NEIN, WÄHLT UNS! WIR SIND NOCH COOLER!

Die Partei, die die Wahl gewinnt, darf dann die Regierung bilden. Damit hat sie die Macht, ihre Chefin oder ihr Chef wird zur neuen Nummer 1 – und es ist klar, wer von nun an die wichtigen Entscheidungen fällt.

POLITISCHES GEMECKER

Hörst du die Erwachsenen auch öfter über Politik meckern? Das liegt daran, dass die Politik eine Balance zwischen den Interessen aller Menschen finden und so viele wie möglich bei Laune halten muss. Das ist gar nicht so leicht, weil die Leute *enorm* unterschiedliche Vorstellungen davon haben, was wichtig ist und wie man die Dinge angehen sollte.

- »Ich bin hier GEBOREN! Deshalb muss ich bevorzugt werden!«
- »Wir brauchen Leute aus anderen Ländern. Sonst haben wir nicht genug Lehrer, Pflegerinnen und Ärztinnen.«
- »Wir brauchen mehr Geld für die Schulen!«
- »Was wird aus meinem kleinen Unternehmen?«
- »Und was wird aus unserem PLANETEN?«

Hin und wieder meckern die Erwachsenen auch darüber, wie fürchterlich die Leute in der Politik seien. Und man muss sagen, sie haben nicht immer unrecht. Einige davon nutzen ihre Macht für sich selbst und achten kaum auf

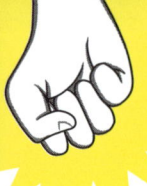

andere. Es ist nämlich so: Macht kann einem zu Kopfe steigen – mit schlimmen Folgen. Manchen Politikern geht es nur noch um den eigenen Gewinn und um den ihrer besten Kumpels statt um das Wohl der Bevölkerung. Was dann passiert, nennt man

KORRUPTION.

Ich will diese Dinge überhaupt nicht schönreden. Dieses Buch ist nicht dazu da, alle dunklen Flecken in Regenbogenfarben zu übertünchen. Aber ich will sehr wohl die guten Dinge und die guten Menschen dahinter ins Scheinwerferlicht rücken. Deshalb möchte ich dir ein paar beeindruckende **VORREITERINNEN** vorstellen, die genau jetzt die Politik aufmischen. Ein paar umwerfende **AKTIVISTEN**, die viel bewegt haben. Und ich möchte dich zu ziemlich coolen **ORGANISATIONEN** mitnehmen, die irgendwann vielleicht sogar die Welt retten werden. Also Schluss mit den Schattenseiten!

Wie wir festgestellt haben, ist entscheidend, wer die Macht hat. In einer Demokratie ist die Antwort klar: du. Wir. ALLE.

Und weißt du was?

ES LEBEN MEHR MENSCHEN IN DEMOKRATIEN ALS JE ZUVOR

Demokra-wie? Was heißt das eigentlich? »Demokratie« kommt vom altgriechischen *dēmokratía*, was so viel bedeutet wie »Herrschaft des Volkes«. Im alten Griechenland gab es eine direkte Demokratie, die Menschen haben also direkt über alles Mögliche abgestimmt und damit ganz unmittelbar geherrscht. (Nur dass mit »den Menschen« oder »dem Volk« keine Frauen, Sklaven und Ausländer gemeint waren …)

Heute läuft es in Demokratien ein bisschen anders. Wenn wir alt genug sind, können wir für Vertreterinnen und Vertreter stimmen, die *in unserem Namen* herrschen. Wie dir vielleicht aufgefallen ist, gehen Erwachsene alle paar Jahre in ein Wahllokal und geben ihre Stimme ab. (Und weil oft Schulen als Wahllokale herhalten, müssen sie sich dazu häufig auf einen Kinderstuhl quetschen!) Auf einem Blatt Papier mit verschiedenen Parteien und deren Mitgliedern kreuzen sie ihre Favoritinnen an, dann werden die Stimmen gezählt – und irgendwer hat gewonnen.

YIPPIE!

Warum Demokratien im Allgemeinen so beliebt sind? Weil sie zumindest theoretisch für mehr Gerechtigkeit sorgen als andere politische Systeme. Allerdings gibt es auf der Welt etliche Demokratien, von denen man das nicht unbedingt behaupten kann. Manche haben *gewaltige Probleme* und manche sind *Mischformen*, also eigentlich *autoritäre Systeme* (in denen eine einzige Person oder eine kleine Gruppe das Sagen hat) mit ein bisschen Demokratie dabei. Und trotzdem: Wenn immer mehr Menschen in Demokratien leben, dann können auch immer mehr Menschen wenigstens *ein bisschen* mitreden und mitbestimmen. Und das ist doch ein Anfang!

VIELE HABEN FÜR DAS WAHLRECHT GEKÄMPFT – UND ES SICH *ERKÄMPFT*

Man sollte meinen, dass von Natur aus jede und jeder wählen darf (zumindest wenn man alt genug ist), aber leider war das längst nicht immer so. In vielen, vielen Ländern haben große Gruppen erst vor Kurzem das Wahlrecht erhalten – etwa Frauen, Schwarze oder indigene Menschen.

INDIGENE VÖLKER stammen von Menschen ab, die auf einem bestimmten Fleck Erde gelebt haben, lange bevor es irgendwo moderne Staaten mit festgesetzten Grenzen gab.

Darunter sind die Aborigines und die Torres-Strait-Insulaner, die schon vor mehr als 60 000 Jahren auf dem Land lebten, das wir heute Australien nennen. Die ersten europäischen Siedler tauchten erst 1788 dort auf.

Oder die First Nations, Inuit und Métis in Kanada. Sie leben dort schon seit über 12 000 Jahren, während die ersten Europäer erst im 16. Jahrhundert eintrudelten.

Diese Gruppen nennt man nicht umsonst auch *Ureinwohner* – doch ausgerechnet sie mussten erst für ihr Recht kämpfen, wählen zu dürfen und damit über das Land mitzubestimmen, um das sie sich seit Generationen kümmern. Verrückt, oder?

Man will es kaum glauben, doch in einigen Ländern wird gerade Frauen das Wählen immer noch sehr schwer gemacht. Mancherorts werden sie sogar vor dem Wahllokal bedroht!

DAS ERGIBT KEINEN SINN? ICH WEISS.

Auf der anderen Seite gab es schon in der Vergangenheit **GROSSE** Fortschritte, weil vielerorts erfolgreich für ein *allgemeines Wahlrecht* gekämpft wurde, also dafür, dass wirklich alle Bürgerinnen und Bürger wählen dürfen. Als erster Staat der Welt war Neuseeland so weit – bereits 1893! Der Rest … hat sich leider ein bisschen mehr Zeit gelassen, aber irgendwann haben es jedenfalls die meisten doch noch hingekriegt.

Anzahl der Länder, in denen **ALLE** Bürgerinnen und Bürger wählen dürfen:

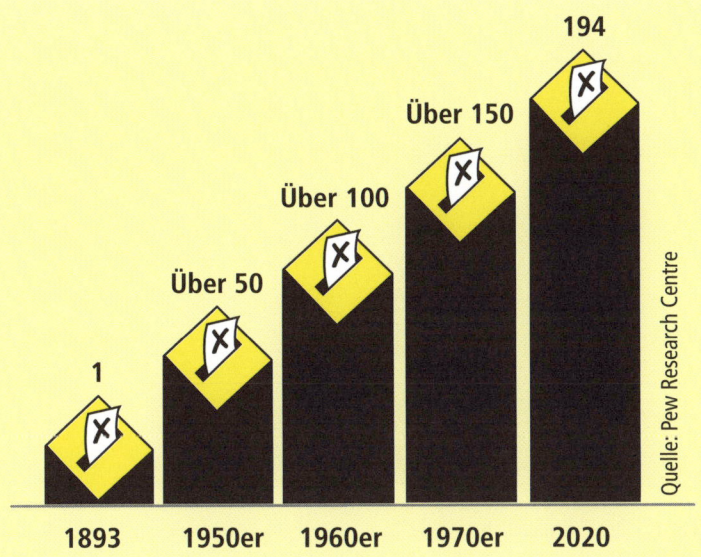

194

Über 150

Über 100

Über 50

1

1893 1950er 1960er 1970er 2020

Quelle: Pew Research Centre

Wie du siehst, wurde in 120-und-ein-bisschen Jahren ein **GROSSER** (und supertoller) Fortschritt erzielt. Jedes einzelne Unrecht ist schlimm genug, doch man kann in gar nicht mal so langer Zeit das Ruder herumreißen und **VIEL** schaffen.

IN DER POLITIK GIBT ES MEHR *VIELFALT* DENN JE

Such doch mal auf Google nach den bedeutendsten Politikern der Geschichte. Was siehst du? Einen Haufen weißer Männer. Und jetzt schau dich in der echten Welt um. Da sieht es ganz anders aus, oder? Die Politik soll uns *alle* vertreten, und da hilft es natürlich, wenn sie weiß, wer »wir« eigentlich sind – was uns wichtig ist und womit wir uns so herumschlagen. Deshalb ist es nur sinnvoll, wenn die Parteien genauso vielfältig sind wie wir. Außerdem sollte jede und jeder das Gefühl haben, in der Politik mit-

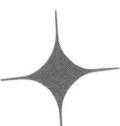

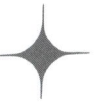

machen zu dürfen. So können Politikerinnen und Politiker zu Vorbildern werden und andere dazu inspirieren, in ihre Fußstapfen zu treten.

JETZT DU! Hast du Vorbilder? Es müssen keine Politiker sein und zweifelhafte Frisuren sind auch keine Voraussetzung. Aber es ist nie verkehrt, zu jemandem aufzuschauen. Besonders, wenn man zu diesem Jemand eine persönliche Verbindung spürt. Bei wem denkst du dir: *Hey, das würde ich wohl auch hinkriegen … denn eigentlich sind wir uns ziemlich ähnlich.*

Gute Nachricht! Heute sind in der Politik viel mehr verschiedene Menschen unterwegs als früher:

In **UGANDA** muss in jedem politischen Gremium ein Platz für jemanden mit Behinderung reserviert sein – vom Dorf bis ins Landesparlament. Manche halten solche »Platzreservierungen« nicht für die ideale Lösung, aber immerhin unternimmt Uganda damit einen Versuch, etwas zu ändern! Und das zeigt Wirkung: In Uganda gibt es mehr Politikerinnen und Politiker mit Behinderung als irgendwo sonst.

In **AUSTRALIEN** wurde 2016 mit **LINDA BURNEY** vom Stamm der Wiradjury erstmals eine Ureinwohnerin ins Repräsentantenhaus gewählt. Burney ist Lehrerin, Kämpferin für die Rechte der Indigenen, ein großes Vorbild für alle Aborigines und Torres-Strait-Insulaner – und wenn man ehrlich ist, im Grunde für jeden Menschen!

In den **USA** wurde im Jahr 2008 **BARACK OBAMA** als erster Schwarzer zum Präsidenten gewählt – was viele nie für möglich gehalten hätten. Und 2020 wurde **KAMALA HARRIS**, deren Mutter aus Indien und deren Vater aus Jamaika stammt, als erste Frau und *person of colour* Vizepräsidentin. Die intelligente, führungsstarke Harris ist bekannt für ihre mitreißenden Reden und war als Generalstaatsanwältin von Kalifornien sogar mal oberste Gesetzeshüterin eines ganzen Bundesstaates!

Und dann wäre da auch noch die US-Amerikanerin **ALEXANDRIA OCASIO-CORTEZ** (kurz »AOC«). AOC hat den Mut, es mit allem und jedem aufzunehmen, und macht lautstark auf den Klimanotstand und Ungerechtigkeiten jeglicher Art aufmerksam. Sie ist puerto-ricanischer Abstammung, kommt aus der Arbeiterklasse und hat als Kellnerin gejobbt, bevor sie in die Politik einstieg und zur jüngsten Abgeordneten im US-Kongress aller Zeiten wurde. Weil sie selbst schwere Zeiten erlebt hat, weiß sie genau, was andere Menschen durchmachen, und ist umso entschlossener, etwas zu bewegen.

Tatsächlich spielen inzwischen viele tolle Frauen ganz oben in der Politik mit. Etwa **JACINDA ARDERN**, die 2017 zur neuseeländischen Premierministerin gewählt wurde und ihr Land mit Herzenswärme und Entschlossenheit durch eine Pandemie, einen Vulkanausbruch und einen Terroranschlag geführt hat!

Wir haben also einiges erreicht. Es gibt zwar noch genug zu tun – so sind Menschen mit Behinderung in den meisten Ländern noch viel zu schwach vertreten –, doch immerhin wird inzwischen über dieses Thema gesprochen, und das ist der erste Schritt zur Veränderung. Vielleicht willst auch du bestimmte Menschen in der Politik unterstützen? Oder eines Tages selbst dort einsteigen und für ordentlich Wirbel sorgen? In der Politik geht es darum, sich für andere Menschen einzusetzen. Und wer aus den richtigen Gründen ein hohes Amt anstrebt, kann eine Menge bewirken.

Ich weiß, vorhin war **LANGE** die Rede von schwarzmalerischen (oder sogar gefährlichen!) Nachrichten. Umso wichtiger sind *verlässliche* Nachrichten aus sorgfältig überprüften Fakten. Die Presse schaut den Mächtigen auf die Finger und sorgt dafür, dass »die da oben« nicht machen können, was sie wollen. Manche Journalistinnen und Journalisten stellen richtig detektivische Nachforschungen über Vorgänge **IN ALLER WELT** an – was bedeutet, dass üble Politiker nicht mehr so leicht mit ihren Untaten davonkommen wie früher. Irgendwann wird alles aufgedeckt!

VIELE MENSCHEN *INTERESSIEREN* SICH FÜR POLITIK

Es heißt oft, die Leute hätten kaum noch Interesse an Politik. Dass sie nicht mal zur Wahl gehen würden, weil sie keinen Sinn darin sehen. Dass Politik allen egal sei.

STIMMT NICHT. POLITIK IST DEN LEUTEN *EBEN NICHT* EGAL.

Schau dir nur die US-Wahl im Jahr 2020 an – daran haben mehr als 150 Millionen Menschen teilgenommen. Präsident Joe Biden hat über 80 Millionen Stimmen erhalten, mehr als jeder andere US-Präsident zuvor. Viele haben kräftig dafür geworben, sich zu dieser Wahl anzumelden, und Heldinnen wie **STACEY ABRAMS** haben dazu einen großen Beitrag geleistet: Im Bundesstaat Georgia hat die schwarze Anwältin, Politikerin und Schriftstellerin mehr als 800 000 Menschen dazu gebracht, sich für die Wahl zu registrieren. Damit hatten Hunderttausende plötzlich die Chance, bei der Politik ihres Landes mitzureden. Ist das nicht einfach **WAHNSINN**?

Muss man unbedingt bis zur nächsten Wahl warten, um politisch mitzumischen? Nein! **AKTIVISTINNEN** und **AKTIVISTEN** verändern die Welt durch konkrete Aktionen. Verschiedenste Menschen verbünden sich, nicht um nach Macht zu streben, sondern um ein bestimmtes Ziel zu erreichen. Falls du mal den Glauben an die Politik verlierst oder findest, dass das doch alles besser gehen muss, wirf einen Blick ins Kleine Aktivismus-Handbuch und überleg dir deine ganz eigene Taktik.

KLEINES AKTIVISMUS-HANDBUCH

MACH DICH AUF DEN WEG: In aller Welt und allen Zeiten wurde und wird für die gute Sache demonstriert. In Indien führte Mahatma Gandhi im Jahr 1930 beim 380 Kilometer weiten »Salzmarsch« einen Zug aus Tausenden Landsleuten an, um gegen ein Gesetz der britischen Kolonialherren zu protestieren: Inder durften kein Salz sammeln oder verkaufen. (Richtig gelesen: Es ging um Salz. Und Salz ist enorm wichtig. Oder kommst du eine Woche lang ohne Salz aus?). Im Jahr 1969 marschierte eine halbe Million US-Amerikaner durch Washington, um gegen den Vietnamkrieg aufzubegehren. Zuletzt gab es große Demonstrationen im Namen der Ehe für alle und der Black-Lives-Matter-Bewegung (die wir uns in Kapitel 5 genauer anschauen werden).

LASS DEN GELDBEUTEL STECKEN: Will man auf ein Unternehmen oder ein ganzes Land Druck ausüben, setzt man am besten dort an, wo es am meisten wehtut: beim GELD. Man kauft einfach bestimmte Produkte nicht mehr – das nennt sich Boykott. Von den 1950er bis zu den 1980er Jahren riefen südafrikanische Aktivisten die ganze Welt zum Boykott der Produkte ihres Heimatlandes auf. Sie wollten so gegen die APARTHEID protestieren, ein grausames System der Rassentrennung, das von 1948 bis in die frühen 1990er Bestand hatte. Wer bei diesem Boykott mitmachte, stellte sozusagen ein unübersehbares Stoppschild auf: »Hört mal, was ihr da macht, ist nicht in Ordnung. Also lasst es bleiben, ja?«

GREIF ZUM BRIEFPAPIER: Nein, du sollst dir keine Brieffreundin im Parlament suchen. Aber wenn du an Menschen in politischen Ämtern schreibst, ist es nicht nur gut möglich, dass dein Brief oder

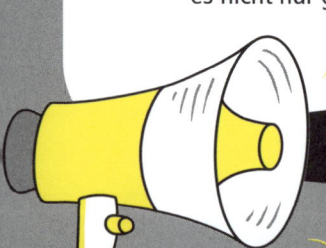

KLIMAWANDEL

deine E-Mail gelesen wird – oft bekommst du auch eine Antwort! Schließlich ist es ihr Job, auf die Leute zu hören, die sie vertreten. Und solltet ihr unterschiedlicher Meinung sein, nimmt er oder sie sich hoffentlich die Zeit, dir die Gründe zu erklären. Lokalpolitiker, die häufig auf ein bestimmtes Thema aufmerksam gemacht werden, sprechen außerdem gerne die nächsthöhere Ebene darauf an, und immer so weiter. So kann ein kurzer, knackiger, zielgerichteter Brief (oder eine E-Mail) große Wirkung entfalten.

VERSUCH'S PER PETITION: Bei Petitionen setzen etliche Menschen ihre Unterschrift unter eine bestimmte Forderung. Meist sind Petitionen nur ein Teil einer größeren Aktionskampagne. Früher wurden Unterschriften auf Papier gesammelt (oft auf seeeeeehr langen Papierrollen), inzwischen aber meist online, sodass sie sich im Handumdrehen unterzeichnen und teilen lassen.

IMMER SCHÖN WEITERERZÄHLEN: Über Social Media kann man Hunderttausende Menschen in aller Welt erreichen. So hat Manal al-Sharif, die Anführerin der Bewegung *Women2Drive*, 2011 ein Video von sich selbst am Steuer gepostet – obwohl saudi-arabische Frauen zu dieser Zeit nicht Auto fahren durften. Sie wurde festgenommen, doch die Regeln wurden schließlich geändert.

GEH VORAN (ABER LEISE!): Keine Lust, durch die Straßen zu marschieren und Reden zu schwingen? Kein Problem. *Stiller Aktivismus* ist ebenso sinnvoll. Das bedeutet, jeden Tag etwas zu tun, selbst wenn es nur Kleinigkeiten sind, *ohne* es herauszuposaunen. Zum Beispiel, sich für andere starkzumachen und genau die Menschen einzubeziehen, die oft ausgeschlossen werden. In persönlichen Unterhaltungen behutsam Probleme anzusprechen. Oder ohne viel Trara im Sinne unseres Planeten zu handeln (zum Beispiel durch Wiederverwertung, eigenen Gemüseanbau …).

ARMUT, UNGERECHTIGKEIT

WAS SOLL DAS EIGENTLICH?

Fragst du dich manchmal, ob es eigentlich etwas bringt, über akute Probleme zu *reden*? Oder ob viele das vielleicht nur zur Show machen, weil es *cool* ist? Weil es *cool* ist, bestimmte Sachen im Internet zu posten und auf Demos Schilder mit cleveren Sprüchen und Fotomontagen herumzutragen? Ob sich dadurch wirklich etwas ändert?

Die Antwort: Ja, dadurch **KANN** sich etwas ändern. Zumindest langfristig. Je öfter ein Thema ins Gespräch gebracht wird, desto wahrscheinlicher ist es, dass tatsächlich etwas passiert. Je mehr Menschen begreifen, dass gehandelt werden muss, umso mehr Briefe werden an die Politik geschrieben, umso mehr Geld wird gespendet, umso mehr Zeit wird dem Problem gewidmet – und wenn eine Wahl ansteht, erhält die entsprechende Partei mehr Stimmen. Social Media können gefährlich sein (ich sage nur Falschnachrichten …), doch ohne Social Media könnte man nie so leicht Bündnisse aus unzähligen Menschen schaffen und die Welt über wichtige Fragen aufklären.

DARF ICH VORSTELLEN?

Gerade unter jungen Leuten gibt es viele tolle Aktivistinnen und Aktivisten – zum Beispiel die Anishinabe-Teenagerin **AUTUMN PELTIER** vom Volk der Wikwemikong in Kanada, die sich für sauberes Wasser einsetzt, seit sie acht war.

Oder **LESEIN MUTUNKEI**, ein fußballbegeisterter Umweltschützer aus Kenia, der mit zwölf Jahren *Trees 4 Goals* gegründet hat. Sein Aufruf:

Pflanzt einen Baum für jedes Tor, das ihr schießt! (Er träumt davon, dass der internationale Fußballverband FIFA seine Idee weltweit umsetzt …)

Und **MALALA YOUSAFZAI**, die jüngste Friedensnobelpreisträgerin überhaupt. Sie kämpft dafür, dass jedes Mädchen das Recht auf Bildung erhält.

Ich kann sie unmöglich alle hier auflisten – es sind einfach zu viele und es tauchen täglich mehr auf. Wenn das kein Grund ist, **HOFFNUNG** zu schöpfen!

> **»MACH IMMER WEITER, SCHAU NICHT ZURÜCK. UND WENN DU EINE IDEE HAST, SETZ SIE EINFACH IN DIE TAT UM. NIEMAND WARTET AUF DICH UND NIEMAND WIRD DIR SAGEN, WIE ES GEHT. DU MUSST SCHON SELBST DEN MUND AUFMACHEN.«**
>
> **AUTUMN PELTIER,** Anishinabe und Wasseraktivistin

Im Jahr 2016 schrieb Mari Copeny, ein achtjähriges Mädchen, einen Brief an US-Präsident Barack Obama, um ihm von dem verseuchten Wasser in ihrer Heimatstadt Flint zu berichten. Sie bekam mehr als eine Antwort – der Präsident reiste selbst nach Michigan, um sich mit ihr zu treffen und sich schlauzumachen. Und am Ende stellte er 100 Millionen Dollar für eine Erneuerung der Wasserversorgung bereit.

DAS T IN TRAUM STEHT FÜR TEAM

In den Nachrichten wird ständig von Kriegen, Konflikten und Spannungen zwischen verschiedenen Nationen berichtet (und leider brodelt es zwischen manchen Ländern wirklich, oder sogar *in* Ländern – es gibt auch heute noch Bürgerkriege). Doch wenn wir weit genug herauszoomen, verändert sich das Bild: Der Wissenschaft zufolge geht es heute auf der Welt *insgesamt* so friedlich und partnerschaftlich zu wie selten zuvor. Angesichts all der (gar nicht kleinen) Probleme, die einige Länder miteinander haben, übersieht man leicht, dass viele Länder in bedeutenden Bereichen dennoch zusammenarbeiten, etwa bei Menschenrechten, Gesundheitspolitik und der Erforschung des Weltalls.

UND DAS IST KEINE KLEINIGKEIT.

»NIE ZUVOR WAR DAS SCHICKSAL DER GESAMTEN MENSCHHEIT SO ENG MITEINANDER VERKNÜPFT. UM ES ZU MEISTERN, MÜSSEN WIR UNS IHM GEMEINSAM STELLEN.«

KOFI ANNAN, UN-Generalsekretär von 1997 bis 2006

DIE VEREINTEN NATIONEN (UNITED NATIONS = UN)

Beim Thema internationale Zusammenarbeit muss man zuallererst über die Vereinten Nationen sprechen. Vereinte Nationen, *United Nations* … das hört sich fast nach einem Superheldenteam an, oder? Eigentlich passt das auch ganz gut. Die UN wurden im Jahr 1945 gegründet, also nach dem Zweiten Weltkrieg, um für Frieden zwischen den Nationen zu sorgen und sie dazu zu bringen, Gutes (fast schon Superheldenmäßiges) zu tun, also Menschenrechte zu schützen und die Probleme der Welt zu lösen. Übrigens sind die UN schon der *zweite* Anlauf. Der erste war der Völkerbund, der 1919 ins Leben gerufen wurde, nach dem Ersten Weltkrieg, und der in den 1940ern zerfiel, weil er den Zweiten Weltkrieg nicht hatte verhindern können – kein Ruhmesblatt für eine Organisation, die vor allem dazu gedacht war, *den Frieden zu sichern.*

Die UN sollten deshalb mächtiger und wirkungsvoller sein und es sollten viel mehr Nationen mitmachen als beim Völkerbund. Genau jetzt (also während ich das hier schreibe) sind 193 Staaten dabei. Jepp, ganze 193! Bei aller Kritik an den UN, das ist eine reife Leistung. Ich bin jedenfalls froh, dass sich so viele Länder (weitgehend) einig sind, dass Weltfrieden und die Sicherung der Menschenrechte eine ZIEMLICH GUTE IDEE sind.

Ein neueres Projekt der UN sind die sogenannten Millenniums-Entwicklungsziele. Da ist eine Menge dabei: das Ende von extremer Armut und Hunger weltweit, grundlegende Schulbildung für alle, Umweltschutz und noch einiges mehr. Nicht schlecht, oder? Diese Ziele wollten die Mitgliedsstaaten bis 2015 erreichen, was ihnen nur fast gelungen ist. Es wurden aber GROSSE Schritte in die richtige Richtung gemacht, und ein paar davon werden wir uns später noch genauer anschauen. Allerdings

steht schon das nächste Projekt an: 17 Ziele für nachhaltige Entwicklung, die bis 2030 angepeilt werden. Darunter sind:

- **KEINE** Armut mehr
- **NIRGENDWO** mehr Hunger
- Gesundheit und gute Lebensbedingungen für **ALLE**.

Außerdem wurde ein Versprechen gegeben: Niemand soll dabei vergessen werden! Das mag nach einem großen, kühnen Traum klingen, aber sind die schönsten Träume nicht immer so? Wenn du jetzt beim Gedanken an die Zukunft kein wohliges Kribbeln im Bauch spürst, dann weiß ich auch nicht mehr!

DIE ERFORSCHUNG DES WELTALLS

Nicht nur auf dem Erdboden geht es voran. Auch ganz woanders arbeiten Regierungen und Länder mehr und mehr zusammen – nämlich im Weltall! Allein dorthin zu gelangen, ist alles andere als billig, und gigantische Projekte wie die Internationale Raumstation (ISS) oder den Gateway (ein neuer Vorposten, der um den Mond kreisen soll) kann kein Land der Welt so leicht allein stemmen.

Für den Bau der ISS haben fünf Raumfahrtbehörden und insgesamt fünfzehn Länder zusammengearbeitet. Verschiedene Teile davon wurden in verschiedenen Ecken der Welt hergestellt und ins All geschossen, und dort oben wurde die ISS dann zusammengebastelt, während sie mit 28 000 km/h um die Erde raste. Ist das nicht einfach nur **WOW?** Jede Raumfahrtbehörde hat die Aufgabe übernommen, die ihr am meisten lag – die Roboterfachleute kamen aus Kanada und Japan, Russland steuerte seine Sojus-Raumschiffe bei. Nach dem letzten Flug eines amerikanischen Space Shuttles und vor der Entwicklung des Crew Dragon von SpaceX und des Starliners von Boeing war die NASA sogar auf russische Sojus-Technik *angewiesen*, um Astronauten und Ausrüstung zur ISS schicken und wieder zurückholen zu können. Ganz schön erstaunlich, wenn man bedenkt, wie *mies* sich diese beiden Nationen oft verstanden haben (schon mal vom Kalten Krieg oder vom »Wettlauf ins All« gehört?).

Der Gateway soll wie die ISS als Raumstation und Labor dienen, aber ebenso als schwereloser Boxenstopp für Mondreisende und eines Tages auch für Marsreisende! Eine Art Flughafen also, genauer gesagt ein Raumflughafen. So ein Riesenprojekt kann nur klappen, wenn die verschiedenen Raumfahrtbehörden Hand in Hand arbeiten!

**UTE
ACHRICHT
OMPAKT!**

Gutenachtgeschichten aus dem All: Schaust du vor dem Schlafengehen manchmal zum Sternenhimmel hinauf? Wenn du möchtest, kannst du sogar echten Astronauten dabei zusehen, wie sie auf der ISS Geschichten vorlesen und Experimente durchführen! Die Videobilder werden live zu uns gebeamt und du kannst dich einfach reinklicken, während die Astronauten da oben ungefähr sechzehn Mal am Tag die Erde umrunden …

HAND IN HAND IST *ALLES* MÖGLICH

Zum Glück sind wir Menschen also im Grunde ziemlich gut darin, ZUSAMMENZUARBEITEN. Jedenfalls wenn wir wollen. Das kann man in der Politik beobachten, aber auch auf anderen Gebieten: beim Kampf um die Gesundheit unseres Planeten und seiner Bewohner oder gegen Ungerechtigkeit. Auf *all* diese Themen werden wir in den nächsten Kapiteln einen Blick werfen.

WAS NOCH ZU TUN IST

- Wir brauchen mehr führungsstarke und mitfühlende Politikerinnen und Politiker, die sich wirklich für die Menschen einsetzen, anstatt ihre Machtmuskeln nur für ihren eigenen Nutzen spielen zu lassen.
- Wir brauchen Politikerinnen und Politiker, die die *gesamte* Bandbreite der Bevölkerung widerspiegeln.
- Wir brauchen noch mehr Zusammenarbeit zwischen den Ländern. Nur so kommen wir wirklich voran.

UND WIE SCHAFFEN WIR DAS? DAS KANNST *DU* TUN:

LIES DICH SCHLAU Halt dich in den Nachrichten auf dem Laufenden, was in der Welt passiert (aber hüte dich dabei vor Falschnachrichten. Falls du noch mal nachlesen willst: Seite 13).

REDEN, REDEN, REDEN Unterhalte dich mit deiner Familie und mit Freundinnen und Freunden über wichtige Themen. Kann sein, dass ihr nicht immer einer Meinung seid, aber in einem *ruhigen, netten* Gespräch kann man sich meist zumindest auf irgendetwas einigen. Das Blöde ist, dass wir uns in Sachen Politik fast automatisch mit Leuten umgeben, die genauso denken wie wir – das Echokammer-Problem, du weißt schon. Dadurch werden wir nie herausgefordert und lernen nie dazu. Deshalb: Reden schadet nie, ganz gleich mit wem.

MACH DEN MUND AUF Aktivismus ist nicht schwer: Wenn dir etwas unter den Nägeln brennt, schreib an Politikerinnen und Politiker aus deiner Gegend. Fordere deine Mitmenschen dazu auf, Produkte von Unternehmen zu kaufen, die Gutes tun, und andere … eher nicht. Und wenn du endlich wählen gehen darfst, kannst du mit deiner Stimme die Politiker rauswerfen, die dir nicht passen, und bessere wählen! Aber bis dahin? Sag den Erwachsenen, dass sie gefälligst zur Wahl gehen sollen. Falls sie behaupten, das hätte keinen Sinn und es würde sich sowieso nichts ändern, erklär ihnen, wieso jede Stimme zählt. Zum Beispiel mit diesem afrikanischen Sprichwort:

> **WENN DU GLAUBST, DU WÄRST ZU KLEIN, UM ETWAS ZU BEWIRKEN, MUSSTEST DU DICH NIE EINE NACHT LANG MIT EINEM MOSKITO HERUMPLAGEN!**

WERDE AKTIV Wer weiß? Womöglich wirst du eines Tages selbst in die Politik gehen (wofür du vielleicht schon jetzt üben kannst, indem du für ein Amt in deiner Schule kandidierst). Aber egal, was du vorhast, du musst es nicht allein durchziehen. Nur zusammen können wir wirklich etwas bewegen.

KAPITEL 3

GUTER PLANET

SUPERBÄUME, SAUBERE AUTOS UND SUPERVIEL GRÜN

Betrachtet man das große Ganze, sind wir Menschen unendlich klein und es gibt uns noch gar nicht so lange. Doch unser Fußabdruck auf dem Planeten Erde ist GIGANTISCH. Weil wir tun, was wir leider tun (Wälder abholzen, fossile Brennstoffe wie Kohle, Öl und Erdgas verfeuern, Müllberge auftürmen und vieles mehr), hat die Welt *enorme* Probleme – zum Beispiel:

- Klimawandel
- Entwaldung
- Aussterben von Pflanzen und Tieren
- Luft- und Wasserverschmutzung
- Wassermangel

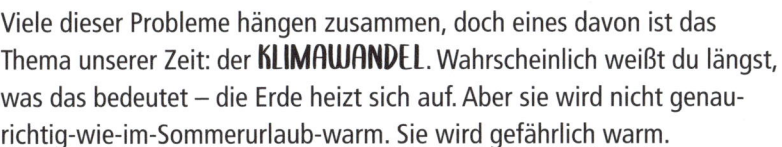

JEPP, DAS IST NICHT WENIG.

Viele dieser Probleme hängen zusammen, doch eines davon ist das Thema unserer Zeit: der KLIMAWANDEL. Wahrscheinlich weißt du längst, was das bedeutet – die Erde heizt sich auf. Aber sie wird nicht genau-richtig-wie-im-Sommerurlaub-warm. Sie wird gefährlich warm.

DER TREIBHAUSEFFEKT. Ohne diesen Effekt wäre es auf der Erde dermaßen kalt, dass es uns gar nicht gäbe. Und so funktioniert er:

Treibhausgase wie Wasserdampf, Kohlendioxid und Methan sorgen dafür, dass ein großer Teil der Hitze unserer Sonne in der Erdatmosphäre hängenbleibt – wodurch wir es kuschelig warm haben.

Ist dieser Effekt zu schwach, wird es eisig kalt wie auf dem **MARS**. *Brrrrr!*

Ist dieser Effekt superstark, wird es heiß wie auf der **VENUS** – auf deren Oberfläche schmilzt sogar Blei.

Ist dieser Effekt geraaade richtig, ist es wie auf der Erde. Beziehungsweise wie auf der Erde vor Beginn der industriellen Revolution in der zweiten Hälfte des 18. Jahrhunderts! Wie gesagt, ein bisschen Treibhauseffekt ist klasse, zu viel ist problematisch. Und im Moment geht die Tendenz sehr in Richtung *zu viel*, weil wir massenhaft fossile Brennstoffe verfeuern, sehr gerne (große!) Autos fahren und hektarweise Wälder abholzen – wodurch die Treibhausgase in der Atmosphäre stark ansteigen.

Durch das Verhalten von uns Menschen hat sich die Erde seit der industriellen Revolution um mindestens 1 Grad Celsius aufgeheizt. Das hört sich vielleicht nicht dramatisch an, ist es aber! Schon dieses eine Grad führt zu einer schlechteren Bodenqualität und an vielen Orten zu Wassermangel. Es kommt häufiger zu (immer heftigeren) Wetterextremen wie Wirbelstürmen, Überschwemmungen, Dürren, Hitzewellen und Waldbränden – manches davon tritt bereits jetzt in verschiedenen Teilen der Welt auf. Gletscher und Polareis schmelzen schneller denn je, was den Meeresspiegel ansteigen lässt. Wenn wir nichts unternehmen, werden wir noch selbst erleben, wie weite Teile von Städten wie New York City, Rio de Janeiro und Shanghai *unter Wasser stehen.*

»ALLES FALSCHNACHRICHTEN!« ACH WIRKLICH?

Erinnerst du dich? Es gibt Leute, die schreien »Fake News!«, auch wenn gar nichts fake ist. Beim Klimawandel ist das besonders häufig der Fall, obwohl sich die Wissenschaft in diesem Punkt sehr, sehr einig ist. Trotzdem sitzen in Talksendungen manchmal ein Experte, der vor der Erderwärmung warnt, und ein anderer, der bezweifelt, dass sie von uns Menschen verursacht ist. So kann man leicht denken, die Meinungen wären fifty-fifty geteilt … sind sie aber nicht. Die überwältigende Mehrheit ist überzeugt davon, dass der Klimawandel real und wirklich *gar nicht gut* ist.

Schon 1 Grad mehr ist übel genug, 3 Grad mehr wären laut der Wissenschaft eine *Katastrophe*. Und wenn wir so weitermachen, wird es bis zum Ende des Jahrhunderts wohl so weit sein. Gefährlich wird es ab einem Anstieg von 1,5 Grad, und deshalb versuchen wir gerade, ihn darauf zu beschränken. Höher hinaus will man wirklich nicht. Schon jetzt leiden Menschen, Pflanzen und Tiere unter dem Klimawandel. Wird es noch schlimmer, könnte der Erde ein Massenaussterben bevorstehen, wie es seit 66 Millionen Jahren nicht mehr vorgekommen ist. Damals wurden die nicht-flugfähigen Dinosaurier ausgelöscht, vermutlich durch den Einschlag eines Monsterasteroiden.

SCHLUCK!

, Und dieses Buch soll *Hoffnung* machen? UFF ...

> **»MIR WIRD HÄUFIG DIE FRAGE GESTELLT, OB ICH AN DIE ERDERWÄRMUNG GLAUBE. INZWISCHEN ANTWORTE ICH NUR NOCH MIT EINER GEGENFRAGE: GLAUBEN SIE AN DIE SCHWERKRAFT?«**
>
> **NEIL DEGRASSE TYSON,** amerikanischer Astrophysiker

Ich weiß, das hört sich nicht gut an. Aber es gibt trotzdem gute Gründe, Hoffnung zu haben – und wir werden sie finden! Okay, manche Leute sind der Meinung, dass *Hoffnung* beim Klimawandel unangebracht ist – weil sie uns nur dazu verleitet, uns bequem zurückzulehnen und ganz fest die Daumen zu drücken, dass schon alles gut wird. Es gibt aber auch eine andere Art von Hoffnung. Eine, die dazu ermutigt, den Kampf anzunehmen! Egal, wie besorgt und erschöpft man ist, mit genügend Hoffnung gibt man trotzdem alles. Und das müssen wir tun – wir müssen die Menschen und Organisationen, die unseren Planeten beschützen, mit voller Kraft unterstützen.

Doch da draußen gibt es sehr wohl gute Nachrichten. So wie grüne Pflänzchen in der Wüste. Zum Beispiel ...

DAS THEMA IST IN *ALLER MUNDE*

Wie soll man ein weltweites Problem lösen, von dem niemand weiß?
Oder das kaum jemand für ein Problem *hält*? Ja, es nervt, dass manche die
Erderwärmung noch immer als Lügenmärchen abtun, doch viel mehr Leute
haben verstanden, dass der Klimawandel (oder eher der Klimanotstand)
absolut real ist. Leute wie du und ich erkennen, wie wichtig das Thema ist.
Es taucht ständig in den Nachrichten auf. Aktivistengruppen machen darauf aufmerksam, auch immer mehr *Unternehmen*, ja sogar *Regierungen*.

Und es wird nicht nur geredet. Millionen gehen auf die Straße, um ihre
Regierung zum Handeln zu bewegen, und bisher haben sich mehr als
100 Länder darauf festgelegt, bis 2050 klimaneutral zu werden. Wie sie
das erreichen wollen?

- Treibhausgase verringern – und diejenigen, die dennoch ausgestoßen
  werden, durch andere Maßnahmen ausgleichen (z. B. durch das
  Pflanzen von Bäumen)
- saubere Stromerzeugung, etwa durch Wind und Sonne; mehr elektrische Autos und Lkw (oder welche mit Wasserstoffantrieb); bessere
  Fuß- und Radwege
- umweltfreundliche Häuser
- Müll stark reduzieren
- Natur wiederherstellen

COOLE KÄMPFER FÜR EIN COOLES KLIMA: Organisationen wie
Rewilding Europe wollen Tiere und Baumarten, die es früher auf dem
Kontinent gab, wieder dort einführen und so das Gleichgewicht
der Natur wiederherstellen. Unternehmen wie Tesla und BYD
aus China entwickeln E-Autos als Ersatz
für die alten Spritschlucker (mehr
Infos über saubere Autos auf S. 84).
Giganten wie Google arbeiten daran,
bis 2030 alle ihre Rechenzentren und

Büros mit CO_2-neutralem Strom zu versorgen. Und es geht noch weiter: In aller Welt werkeln sehr kluge Leute an Technik zur sogenannten *Kohlenstoffabscheidung* – also an Apparaturen, die das CO_2 direkt aus der Atmosphäre saugen! In der Wissenschaft glauben einige, dass wir unseren Zielen dadurch einen großen Schritt näher kommen könnten.

> »KEIN ANDERER ORGANISMUS, DER JE AUF DIESEM PLANETEN AUFGETAUCHT IST, IST SO ANPASSUNGSFÄHIG WIE DER MENSCH, SO WUNDERBAR ERFINDERISCH UND SO GUT DARIN, AUF SICH SELBST AUFZUPASSEN. WENN SICH DER MENSCH NUN DARAUF VERLEGT, GENAUSO AUF ANDERES AUFZUPASSEN, WORIN ER EBENSO GUT IST, WENN ER SICH DENN DIE MÜHE MACHT, DANN GIBT ES HOFFNUNG.«
>
> **SIR DAVID ATTENBOROUGH**, Naturforscher, Tierfilmer und Umweltaktivist

Sir David Attenborough und Prince William, der Enkel von Queen Elizabeth II., haben gemeinsam den Earthshot Prize ins Leben gerufen: Ganze 50 Millionen Pfund stehen bereit, um 50 kreative Lösungen für die GRÖSSTEN Umweltprobleme der Welt zu fördern. Dabei stehen fünf »Earthshots«, also fünf Ziele im Mittelpunkt: der Schutz und die Wiederherstellung der Natur, die Reinigung der Luft, die Wiederbelebung der Meere, der Aufbau einer Welt ohne Abfall und die Reparatur des Klimas. Zehn Jahre lang erhalten jährlich fünf Gewinner je eine Million Pfund, um mit ihren Ideen in die Vollen zu gehen. Und es kann sich bewerben, wer will – Schulen, Gemeinden, Unternehmen, Staaten und JEDE UND JEDER.

EIN NEUSTART FÜR DIE NATUR

In aller Welt grübeln Menschen über dieselbe Kopfnuss: Wie kann man Treibhausgase schnell, günstig und ungefährlich verringern? Dabei hat die Natur den Bogen längst raus! Bäume nehmen Kohlendioxid in sich auf, ganz gleich, ob wir Menschen es nun ausatmen oder auf andere Weise erzeugen. Regenwälder sind besonders gut darin – die schaffen massenweise Treibhausgas weg, und das ganz umsonst! Toll, oder? Die Erde ist schon ein großartiger Planet, auf dem man sich eigentlich nur wohlfühlen kann.

Aber das hilft alles nichts, wenn wir Menschen mit Kettensägen anrücken und die schönen Bäume fällen! Seit den Anfängen unserer Zivilisation haben wir schon ungefähr die Hälfte der Bäume abgeholzt, die es einmal gab. Und jedes Jahr kommen etwa *15 Milliarden* dazu – das wäre ein Wald in der Größe von Großbritannien! Warum? Weil Bauholz gebraucht wird, weil Wohnhäuser errichtet werden sollen, weil nach Öl und anderen Rohstoffen gegraben und gebohrt wird, weil dort andere Pflanzen angebaut werden oder Tiere weiden sollen. Durch all das verlieren wir nicht nur wertvolle »Treibhausgasspeicheranlagen«, sondern setzen sogar zusätzliche Treibhausgase frei! Nicht zuletzt weil das Kohlendioxid, das Bäume speichern, wieder in die Luft gelangt, sobald sie abbrennen oder verrotten.

Auch die Landwirtschaft selbst spielt eine Rolle beim Klimawandel – durch Stickoxide aus Düngemittel und durch Methan aus rülpsendem Vieh (kein Scherz!) und Dung (= KACKE!). Das Gleiche gilt für Öl-bohrungen und Bergbau. Man kann es drehen, wie man will: Das Abholzen von Wäldern ist in jeder Hinsicht schlecht fürs Klima. Und dabei haben wir noch kein Wort über seine Auswirkungen auf Pflanzen und Tiere verloren und auf die Menschen, die in der Umgebung leben!

JETZT DU! Mach dich mit deiner Schule, mit Freunden oder Bekannten auf die Suche nach einer schlauen Idee für den Earthshot Prize. Habt ihr einen Geistesblitz, der ein Stück weit den Planeten in Ordnung bringt und so die Welt verbessert?

DAS RUDER HERUMREISSEN

Kommen wir wieder zu einer guten Nachricht. Wir können den Kurs noch ändern. Auf zwei Arten, die wir beide nutzen müssen:

1. ENDLICH DIE KETTENSÄGEN STECKEN LASSEN (die Wälder der Welt vor weiterer Abholzung schützen).

2. DIE ERDE WIEDER ERGRÜNEN LASSEN (durch Aufforstung, also Bäume pflanzen, und Renaturierung).

Man hört viel von Klimastreiks in großen Städten – solche Aktionen tragen auf jeden Fall stark dazu bei, auf das Problem aufmerksam zu machen. Doch Ureinwohner in aller Welt führen den gleichen Kampf *schon immer*. Und sie setzen sich nicht nur mit Worten etwa für die Wälder unserer Welt ein, sondern schützen sie auch aktiv. Sie leben in enger, harmonischer Verbundenheit mit der Natur. In ihren Augen gilt es, sie zu respektieren und zu ehren und deshalb eben keine Gewässer zu überfischen, keine Böden auszulaugen und keine Wälder abzuholzen. Nur so kann man *im Einklang* mit der Umgebung leben. Und niemand, auch kein weitgereister Naturschutzexperte, hat ein besseres Auge für den örtlichen Bestand an Pflanzen- und Tierarten.

In aller Welt gibt es indigene Gruppen, von Brasilien und Ecuador bis China, Indien, Indonesien und auch in ganz Afrika. Natürlich unterscheidet sich die Natur von Land zu Land grundlegend, doch überall quillt sie geradezu über vor Leben. Allein im Amazonas-Regenwald mit seinem sattgrünen Blätterdach und seinem langen, gewundenen Fluss sind 40 000 Pflanzenarten zu Hause, 3000 Fischarten, 430 verschiedene Säugetiere und 2,5 *Millionen* verschiedene Insekten. Ist das nicht UNGLAUBLICH?

Um unsere Wälder zu schützen, müssen wir die Rechte der Ureinwohner schützen, insbesondere das Recht auf ihren eigenen Grund und Boden. Niemand versteht ihr Land besser und kümmert sich darum wie sie. Indigene machen weniger als fünf Prozent der Weltbevölkerung aus, doch die Gebiete in ihrer Obhut beherbergen unfassbare 80 Prozent der ARTENVIELFALT.

Das Traurige ist: Gerade die Ureinwohner, die unserem Planeten am wenigsten schaden, leiden häufig am stärksten unter dem Klimawandel. Und oft müssen sie erbitterte Kämpfe austragen, um ihr Land vor Angriffen zu schützen. Wie die Bewohner der indonesischen Aru-Inseln, die erst 2019 nach einem langwierigen Rechtsstreit verhindern konnten, dass mehr als die Hälfte ihres Besitzes in eine gigantomanische Zuckerrohrplantage verwandelt wird. Solche Schlachten werden in aller Welt geschlagen und überall verteidigen Ureinwohner und ihre Verbündeten die Natur mit aller Kraft.

Wir müssen die Traditionen indigener Völker verstehen lernen und uns Seite an Seite mit ihnen für unseren Planeten einsetzen.

> **»WIR** BEWAHREN **DIE** ARTENVIELFALT SEIT HUNDERTEN VON JAHREN, WIR WERDEN GENAUSO WEITERMACHEN, WIR HÖREN NIE AUF UND WIR WEICHEN KENEN ZENTIMETER ZURÜCK.**«**

HELENA GUALINGA, **indigene Aktivistin aus Sarayaku, Ecuador**

In Neuseeland gelten inzwischen ein Fluss (Te Awa Tupua), ein Regenwald (Te Urewera) und ein Berg (Taranaki) per Gesetz als juristische Person mit denselben persönlichen Rechten, wie wir Menschen sie haben – darunter das Recht auf Schutz vor Schaden!

Dem Gesetz zufolge fungiert das Volk der Maori, das in dem Fluss, dem Berg und dem Regenwald seine eigenen Vorfahren sieht, neben der Regierung als deren offizieller gesetzlicher Vertreter. Das heißt: Wird ihren Schützlingen etwas angetan, können die Maori vor Gericht dagegen vorgehen! »Schützlinge« passt sowieso sehr gut: Aktuell kämpfen Maori-Älteste zusammen mit Wissenschaftlerinnen und Aktivisten darum, die uralten Kauri-Bäume vor der Wurzelfäule zu schützen, einem neuen, tödlichen Krankheitserreger. Zum Beispiel mit einem alten Hausmittel – Fett und zermahlenen Knochen von gestrandeten Walen, die an Land verendet sind. Der Legende nach besteht nämlich eine Verbindung zwischen Walen und Kauri, weshalb die Wale an Land kommen würden, um den Kauri zu helfen.

DIE EHRENMEDAILLE IN GRÜN GEHT AN ...

In aller Welt werden große Anstrengungen zur Aufforstung und Renaturierung unternommen, und auch die Landwirtschaft soll vielerorts »grüner« werden (weil sie leider zu den größten Treibhausgassündern gehört):

In **COSTA RICA** wurde früher hektarweise Regenwald abgeholzt, doch inzwischen ist das Land wieder **ERGRÜNT**. Innerhalb von 30 Jahren hat sich die Waldfläche verdoppelt und mittlerweile ist halb Costa Rica von Bäumen bedeckt – eine gigantische CO_2-Falle!

Quer durch **AFRIKA** wird eine Grüne Mauer errichtet – ein 8000 Kilometer langes Band aus Bäumen, das durch zwanzig Länder verläuft. So wurden bereits Abertausende Hektar kaputter, ausgelaugter Boden wiederhergestellt.

Vor Kurzem wurde eine riesige Farm angelegt … mitten in einer Stadt, genauer gesagt auf einem Hausdach in **PARIS!** Und in London läuft ein ähnliches Projekt, jedoch *unter der Erde* in einem alten Luftschutzbunker! Überall tauchen solche »Stadtfarmen« auf. Ist ja auch eine tolle Idee: saisonales Obst und Gemüse, das nur einen Spaziergang entfernt wächst. Sollte sich das zum weltweiten Trend entwickeln, werden die Städte grüner, es werden weniger Wälder abgeholzt und Nahrungsmittel müssen nicht mehr so weite Wege zurücklegen.

Apropos Hausdächer: In **SINGAPUR** gibt es Hochhausgärten und schwindelerregend hohe Gartenanlagen – die sogenannten *Supertrees*, also *Superbäume*. Darauf wuchern nicht nur unzählige wunderhübsche Orchideen und Kletterpflanzen, es wird auch Regenwasser gesammelt und Sonnenenergie erzeugt – klasse Idee, oder?

Länder wie **SCHWEDEN** und die **USA** arbeiten an der Wiederherstellung ihrer Seegraswiesen. (Noch nie davon gehört? So ging es mir jedenfalls!) Auch vor der Küste von Wales wurden im Jahr 2020 ganze 750 000 Seegras-Samen gepflanzt. Wie man inzwischen weiß, kann dieses Gewächs Kohlenstoff viel schneller aufnehmen als Regenwälder – 35-mal schneller! Kein Wunder, dass Seegras insgesamt zehn Prozent des Kohlenstoffs der Weltmeere bindet.

In aller Welt beschäftigen sich Aktivistinnen und Staaten mit **REGENERATIVER LANDWIRTSCHAFT** – ein schlaues Wort für Methoden, die im Einklang mit der Natur stehen und nicht im Gegensatz dazu. Teils wird dabei auf das bewährte Wissen der Indigenen zurückgegriffen, von dem schon die Rede war. In Burkina Faso, einem kleinen westafrikanischen Land, hat der Farmer Yacouba Sawadogo mithilfe der althergebrachten afrikanischen Anbautechnik »Zaï« einen großen Brocken ödes, verlassenes Land in einen grünen Wald verwandelt.

JETZT DU! Stell dir vor, du hast das Sagen in einer brandneuen Stadt (**GRATULATION!**). Wie würdest du sie zur grünsten überhaupt machen? Wie würdest du den Kampf gegen den Klimanotstand aufnehmen – hast du irgendein Ass im Ärmel?

GEMÜSE AUF DEN TELLER!

Wir wissen schon, dass Vieh eine Menge Treibhausgas ausstößt. Ganze 15 Prozent aller Treibhausgase! Ich will dir zwar *nicht* vorschreiben, was du zu essen hast – doch wissenschaftlichen Studien zufolge werden wir unsere Klimaziele nur erreichen, wenn wir Menschen zumindest *weniger* Fleisch und Milch verbrauchen. Und wir sind auf dem besten Weg dorthin: durch Veggiedays, an denen kein Fleisch auf den Teller kommt, durch mehr vegane und vegetarische Gerichte auf den Speisekarten von Restaurants und Schulkantinen, durch klug entwickelte Alternativen zu Fleisch- und Milchprodukten für zu Hause …

Das Erste Wiener Gemüseorchester geht mit Karottenflöten, Lauchviolinen, Paprikatrompeten und Kürbistrommeln auf Welttournee. Alle Instrumente sind aus Gemüse – und es landet nichts im Abfall. Aus den Resten wird nämlich eine leckere Suppe gekocht, die nach der Vorstellung dem Publikum serviert wird!

GUTE NACHR KOMPA

EINE SAUBERE SACHE

Schon gewusst? Einen Großteil der Technik, die wir für die Umstellung von *alter, fossiler* auf *erneuerbare* Energie brauchen, gibt es schon und sie wird immer weiter optimiert. In zwei Dritteln der Welt ist Wind- und Sonnenkraft bereits günstiger als jeder andere Strom. Ja, richtig gelesen: Sauber ist *billiger* als schmutzig. Wenn das kein Riesenschritt

in die richtige Richtung ist! Und erneuerbare Energie wird immer noch kostensparender und besser (genau wie die Batterien für ihre Speicherung).

Es gibt verschiedene Arten erneuerbarer Energie. Wenn wir von den fiesen fossilen Brennstoffen loskommen wollen (vor allem von der Kohle, dem größten und schmuddeligsten Verschmutzer), brauchen wir eine Mischung aus allen:

WASSERKRAFT
(aus fließendem Wasser)

WINDENERGIE (vom Wind)

SOLARENERGIE (von der Sonne)

BIOKRAFTSTOFF (aus Pflanzen und Tierkot)

ERDWÄRME (von der Hitze, die tief in der Erde schlummert)

GRÜNER WASSERSTOFF
(aus der Elektrolyse von Wasser)

DER NEUE HERAUSFORDERER: GRÜNER WASSERSTOFF

Im ganzen Universum ist kein Element so reichlich vorhanden wie Wasserstoff. Bei uns auf der Erde hängt er allerdings meist zusammen mit einem anderen Element herum – mit seinem guten Kumpel Sauerstoff, was zusammen **WASSER** ergibt. Durch einen starken Stromstoß kann man den Wasserstoff jedoch vom Sauerstoff losreißen: durch die sogenannte Elektrolyse. Und wenn man den Strom dafür durch Windräder oder Sonnenkraft gewinnt, erhält man ganz und gar grünen und sehr energiegeladenen Wasserstoff! Mit diesen spannenden Aussichten beschäftigt sich die Wissenschaft derzeit. Eventuell könnten wir eines Tages auf diese Art Häuser heizen und Fahrzeuge antreiben – selbst große, schwere Züge, Busse und Lkw (irgendwann vielleicht sogar Flugzeuge). Oder der grüne Wasserstoff könnte einspringen, wenn andere erneuerbare Energien gerade nichts liefern, schließlich lässt er sich gut speichern. Der Haken daran: Das Zeug ist **TEUER**. Und außerdem ist es … nun ja …

HOCHEXPLOSIV!

Die Wissenschaft hat also noch ein bisschen Arbeit vor sich. Aber man sollte das Thema im Auge behalten!

Nicht dass die Aussichten *nur* rosig wären. Wie du vielleicht schon gehört hast, steckt China (das *mit Abstand* am meisten Treibhausgase ausstößt) mehr Geld in erneuerbare Energien als alle anderen Länder **(WEITER SO!)**. Gleichzeitig verbraucht China aber auch mehr Kohle als jedes andere Land **(BUH!)**. Auch Indien ist zwar groß in erneuerbare Energien eingestiegen, setzt daneben aber weiter auf Kohle. Aber Moment! Um zu verstehen, was dahintersteckt, benötigen wir ein paar Zusatzinfos …

In China und Indien leben irrsinnig viele Menschen. Zusammen machen diese beiden Länder *mehr als ein Drittel* der Weltbevölkerung aus. All diese Leute brauchen etwas zu essen, ein Dach über dem Kopf und einiges mehr, und entsprechend viel Strom wird dort verschlungen. Aber man muss noch genauer hinschauen. Der Treibhausgasausstoß pro Kopf (für die Mathefreaks da draußen: Dazu teilt man einfach den gesamten Treibhausgasausstoß eines Landes durch seine Einwohnerzahl) ist in China und Indien *deutlich* niedriger als beispielsweise in den USA.

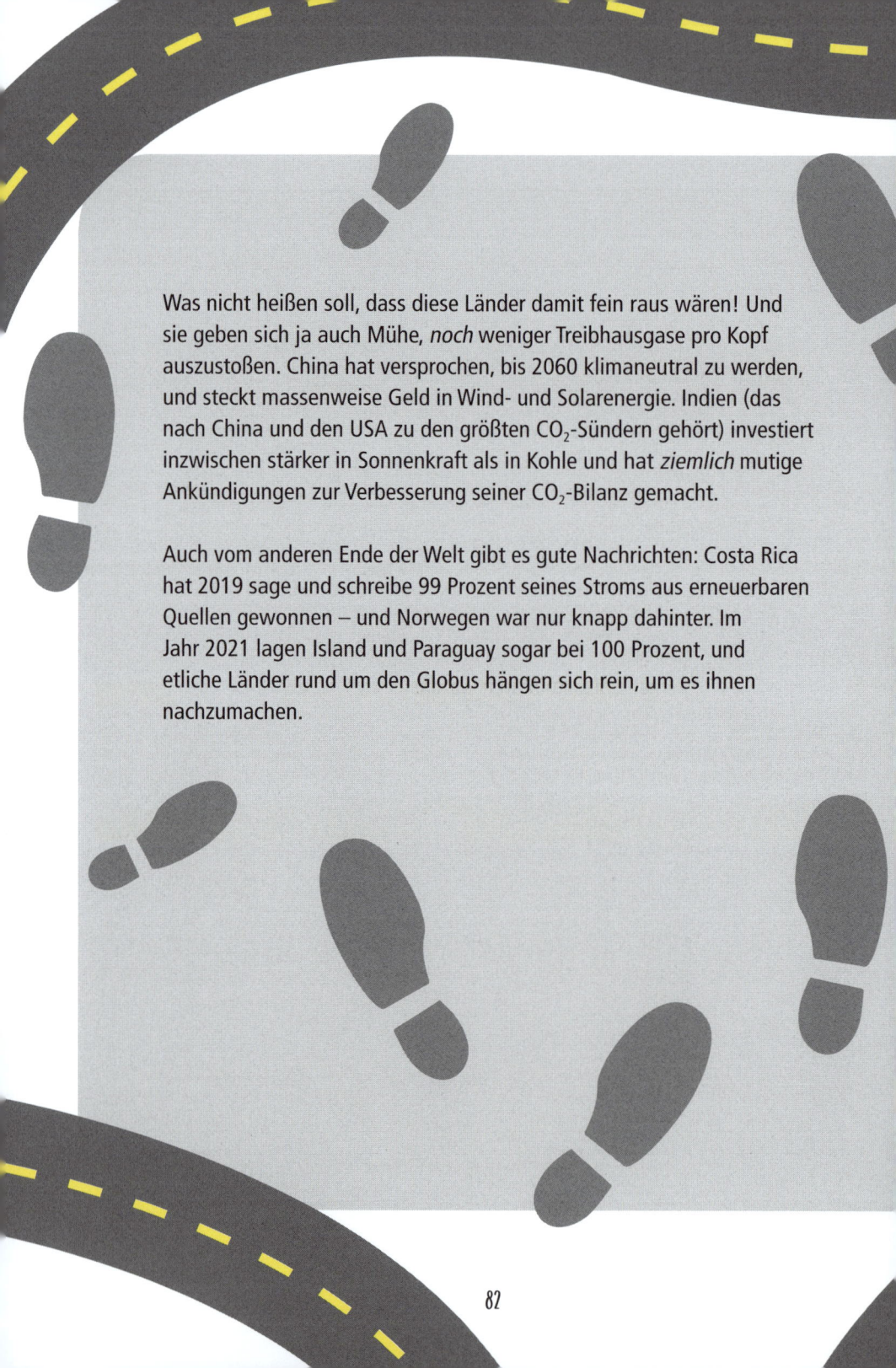

Was nicht heißen soll, dass diese Länder damit fein raus wären! Und sie geben sich ja auch Mühe, *noch* weniger Treibhausgase pro Kopf auszustoßen. China hat versprochen, bis 2060 klimaneutral zu werden, und steckt massenweise Geld in Wind- und Solarenergie. Indien (das nach China und den USA zu den größten CO_2-Sündern gehört) investiert inzwischen stärker in Sonnenkraft als in Kohle und hat *ziemlich* mutige Ankündigungen zur Verbesserung seiner CO_2-Bilanz gemacht.

Auch vom anderen Ende der Welt gibt es gute Nachrichten: Costa Rica hat 2019 sage und schreibe 99 Prozent seines Stroms aus erneuerbaren Quellen gewonnen – und Norwegen war nur knapp dahinter. Im Jahr 2021 lagen Island und Paraguay sogar bei 100 Prozent, und etliche Länder rund um den Globus hängen sich rein, um es ihnen nachzumachen.

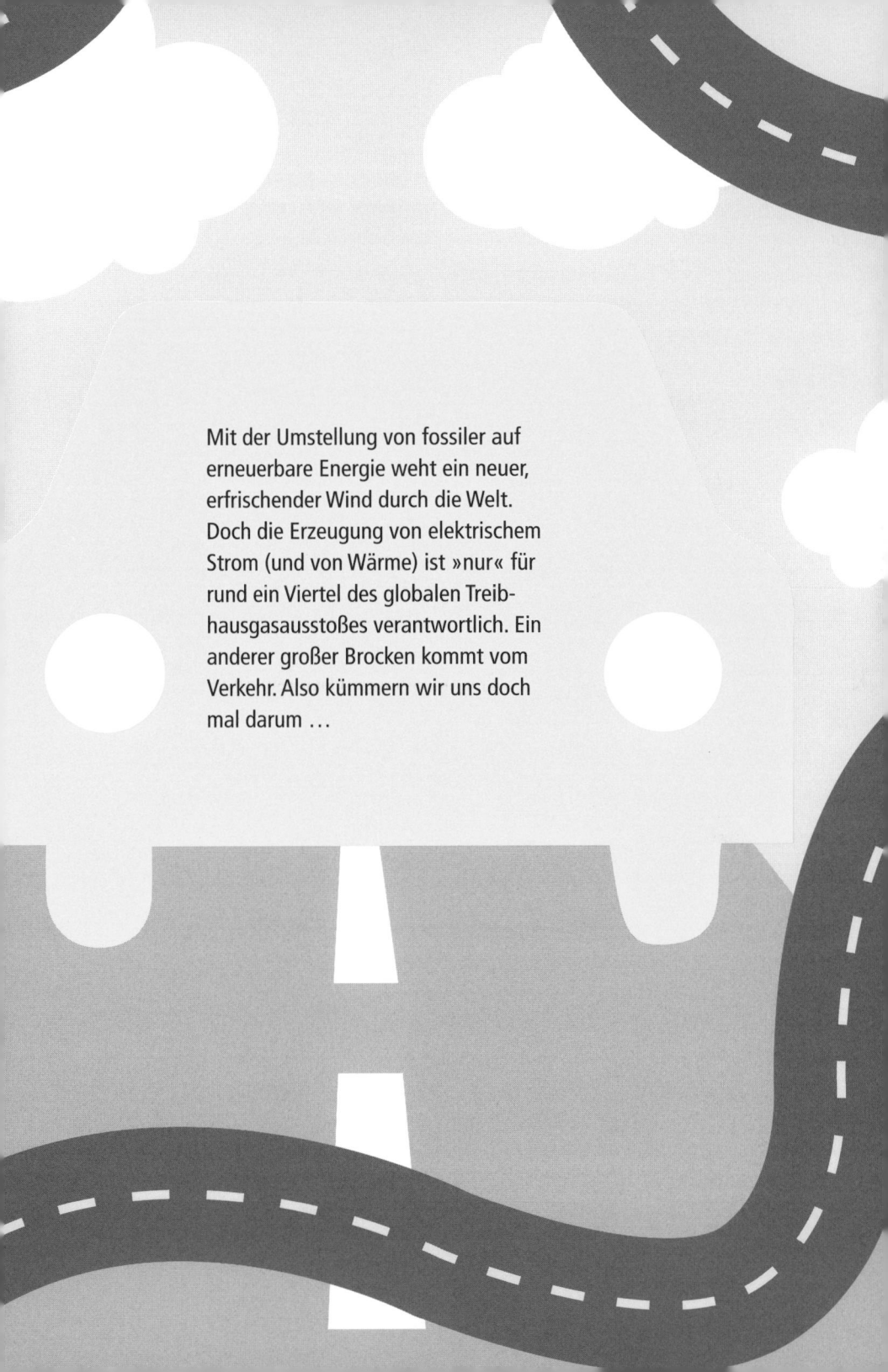

Mit der Umstellung von fossiler auf erneuerbare Energie weht ein neuer, erfrischender Wind durch die Welt. Doch die Erzeugung von elektrischem Strom (und von Wärme) ist »nur« für rund ein Viertel des globalen Treibhausgasausstoßes verantwortlich. Ein anderer großer Brocken kommt vom Verkehr. Also kümmern wir uns doch mal darum …

VON A NACH B AUF NEUEN WEGEN

Verkehr verursacht *Schmutz*. Er pumpt die Treibhausgase nur so in die Luft, und am schlimmsten sind Straßenfahrzeuge wie Autos, Busse und Lkw. In Ländern wie Großbritannien und den USA ist der Verkehr im Vergleich zur Stromerzeugung sogar das eindeutig größere Problem.

BRUMM BRUMMMMM

Doch es tut sich was.

Denn inzwischen gibt es **ELEKTRISCHE AUTOS**.

Die sind sauberer und umweltfreundlicher und verkaufen sich vielerorts immer besser. Die Auswahl wird größer und größer und die Akkus bringen mehr und mehr Leistung, sodass man mit einer einzigen Aufladung immer weiter fahren kann. E-Autos sind auch gar nicht mehr so teuer, und in Städten sieht man inzwischen häufig Ladestationen. Nie war es so einfach, elektrisch vom Fleck zu kommen!

Laut einer Studie könnte im Jahr 2050 jedes zweite Auto auf den Straßen der Welt mit Strom unterwegs sein. Damit würde der CO_2-Ausstoß ungefähr um den heutigen Ausstoß *von ganz Russland* sinken.

Und dann gibt es auch noch die *Hybridfahrzeuge*, die sowohl mit Benzin oder Diesel als auch mit elektrischem Strom laufen können – eine Art Zwischenlösung auf dem Weg zu wirklich sauberen Autos. Je mehr sie elektrisch fahren, desto weniger Luftverpestung.

Aber Autos sind nicht alles. Es gibt so viel mehr:

- E-Bikes und E-Trikes (Dreiräder für Erwachsene!)
- Elektro-Busse
- Elektro-Lieferwagen und -Lkw
- und sogar Sattelschlepper, die wahren Giganten der Straße, werden allmählich elektrifiziert.

Eine solche Umstellung braucht Zeit, aber manche Länder machen richtig Tempo. Einige haben sogar ein Datum festgelegt, ab dem keine neuen Autos mit Verbrennungsmotor (die fossile Brennstoffe abfackeln) mehr verkauft werden dürfen. In Städten wie London, Barcelona oder Peking wurden Umweltzonen eingeführt, die für die größten Luftverpester gesperrt sind (allein in Europa gibt es über 250 davon!).

Und was ist mit Brennstoffzellenautos, die von (grünem) Wasserstoff ins Rollen gebracht werden? Die stoßen nur ein einziges »Abgas« aus: Wasserdampf! Noch sieht man sie nur vereinzelt, in Zukunft werden sie aber womöglich noch richtig durchstarten. Viele Leute setzen zwar voll auf Elektro, doch für größere Fahrzeuge wie Busse und Lkw könnte Wasserstoff sinnvoller sein. Und beide Technologien werden immer wirkungsvoller! Ganz gleich, was sich am Ende durchsetzt, es kann nur besser und viel, viel umweltfreundlicher werden.

ODER NOCH SCHLAUER: DAS AUTO STEHEN LASSEN! Saubere Autos, Busse und Lkw sind nur eine Seite der Medaille. Die andere ist, sie weniger zu benutzen – und stattdessen zu Fuß zu gehen, mit dem Rad zu fahren oder in die Tram oder die U-Bahn zu springen, wann immer man die Wahl hat (leider hat nicht jeder Mensch immer die Wahl). Was das angeht, haben sich diese Städte einen Berg Fleißsternchen verdient:

KOPENHAGEN: Hier ist das Fahrrad König! Mit keinem anderen Verkehrsmittel werden so viele Kilometer zurückgelegt (es gibt sogar mehr Drahtesel als Autos) und auch zu Fuß kommt man wunderbar voran.

LONDON: Hier gibt es immer mehr E-Taxis und E-Busse, ein großes S- und U-Bahn-Netz und etliche Fahrradverleihe.

PARIS: verfügt über ungefähr *1000* Kilometer Radwege und eine wichtige Verkehrsachse an der Seine wurde in eine Fußgängerpromenade umgewandelt.

HONGKONG: hat ein günstiges und hocheffizientes System aus öffentlichen Verkehrsmitteln (besonders toll: die U-Bahn), über das täglich 90 Prozent der Wege zurückgelegt werden. Das ist eine Menge.

SÃO PAULO: ist eine Riesenmetropole, die gerade in einem großen Kraftakt von den Autos loskommen will. Weiter so! Ich meine, guter Wille ist doch auch ein Lob wert, oder?

Siehst du? Überall werden alle möglichen Hebel in Bewegung gesetzt. Viel mehr, als ich hier aufzählen kann. Um den Klimanotstand in den Griff zu kriegen, müssen wir auf eine Kombination all dieser Lösungswege setzen, aber es gibt tatsächlich Hoffnung. Ganz im Ernst.

> **»JA, ICH HABE GRÜNDE ZUR HOFF-NUNG: UNSERE KLUGEN KÖPFE, DIE WIDERSTANDSKRAFT DER NATUR, DER UNERSCHÜTTERLICHE WILLE DES MENSCHEN UND VOR ALLEN DINGEN DIE ENTSCHLOSSENHEIT JUNGER LEUTE, WENN MAN IHNEN DIE MÖGLICHKEIT GIBT ZU HANDELN.«**
>
> **DR. JANE GOODALL,** Primatenforscherin und Umweltschützerin

WAS NOCH ZU TUN IST

- Aufhören, unsere Wälder abzuholen, insbesondere die Regenwälder. Ohne Witz: **HÖRT. EINFACH. AUF.**
- Die Welt durch Aufforstung, Renaturierung und regenerative Landwirtschaft wieder grüner machen.
- Die Bodenrechte von Ureinwohnern schützen. Sie wissen am besten, wie man sich gut um die Natur kümmert.
- Fossile Brennstoffe in jedem Bereich durch erneuerbare Energien ersetzen. Man kann auch ohne Luftverschmutzung von A nach B kommen und für Licht und Wärme sorgen!
- Städte so umbauen, dass man zu Fuß oder mit dem Rad am allerschnellsten unterwegs ist … oder problemlos auf ein großes, günstiges und zuverlässiges Netz aus Bus, Bahn und Tram umsteigen kann.

UND WIE SCHAFFEN WIR DAS?
DAS KANNST *DU* TUN:

LIES DICH SCHLAU: … bis du dich mit den wichtigen Themen richtig gut auskennst (und Falschnachrichten auffliegen lassen kannst!). Informier dich darüber, wie verschiedene Unternehmen und Länder die Welt voranbringen.

REDEN, REDEN, REDEN: … über den Klimanotstand. Klär alle darüber auf, die dir zuhören. Und schau, dass sie noch mehr auf das hören, was Indigene und Menschen aus Krisengebieten zu sagen haben. Das geht nämlich viel zu oft unter.

MACH DEN MUND AUF: Schreib an die Lokalpolitik, wenn diese in Sachen Klimaschutz einen sanften (oder kräftigen) Schubs vertragen könnte. Und schreib an die Oberbosse großer Unternehmen, dass sie sich bitte mehr anstrengen sollen.

WERDE AKTIV: Unterstütze Unternehmen, die ihren Beitrag zum Klimaschutz leisten (und kauf keine Produkte von denen, die nichts tun – oder fordere sie zumindest glasklar auf, sich zu bessern). Nutze so oft wie möglich öffentliche Verkehrsmittel oder schwing dich gleich aufs Fahrrad oder schlüpf in die Laufschuhe (falls du kannst). Und auch wenn das Nächste für dich bestimmt selbstverständlich ist: Schalt alle elektrischen Geräte aus, die du gerade nicht brauchst, denn das spart Strom. Und schau, ob die Erwachsenen es nicht hinkriegen, die alten Glühbirnen gegen Energiesparlampen auszutauschen. Mach weniger Müll, ob es nun Anziehsachen sind (die bald weggeworfen werden) oder Essen (und dessen Verpackungen). Und wo wir schon beim Thema Essen sind: Bitte deine Eltern, möglichst saisonale Leckereien aus der Region zu kaufen – und hau vor allem beim Gemüse tüchtig rein, beim Fleisch dafür umso weniger!

KAPITEL 4

GÜTE GESUNDHEIT

HELDEN MIT HEILKRÄFTEN

ROBOTER UND

COOLE KLOS

In letzter Zeit war das Thema Gesundheit plötzlich ganz groß – wegen der Corona-Pandemie. Noch mehr Leute als sonst machen sich Gedanken über ihre Gesundheit und auch Sorgen deswegen. Aber was bedeutet es für *dich*, gesund zu sein? Es kann jedenfalls nicht bedeuten, eins zu eins *auszusehen* wie das Musterbeispiel eines angeblich rundum gesunden, fitten Menschen. Schließlich ist kein Mensch wie der andere! Doch auf ein paar Dinge, ohne die niemand auskommt, können wir uns trotzdem einigen: Wir brauchen sauberes Wasser zum Trinken, Waschen und Kochen. Wir brauchen irgendeine Art von Toilette, um unsere … äh … *Ausscheidungen* sicher zu entsorgen. Wenn das fehlt (und wir auch keine saubere Unterkunft haben), fängt man sich leicht alle möglichen unnötigen Krankheiten ein. Ach, und da wäre noch etwas: medizinische Versorgung. Wir brauchen Ärztinnen und Ärzte und wenn nötig Medikamente – um Krankheiten abzuwenden, herauszufinden, ob wir doch krank geworden sind, und im Fall des Falles wieder gesund zu werden!

DAS IST NICHT GERADE VIEL VERLANGT, WAS?
DAS ALLES MÜSSTE DOCH ÜBERALL
MÖGLICH SEIN, ODER?

DOCH NACH DATEN DER WELTGESUNDHEITS-
ORGANISATION MÜSSEN WELTWEIT
MILLIARDEN MENSCHEN AUF
MANCHES DAVON
VERZICHTEN.

UNGEFÄHR DIE HÄLFTE DER WELTBEVÖLKERUNG HAT IMMER NOCH KEINEN ZUGANG ZU GRUNDLEGENDER MEDIZINISCHER VERSORGUNG.

1 VON 10 MENSCHEN AUF DER ERDE HAT NICHT MAL ZUGANG ZU SAUBEREM TRINKWASSER.

ÜBER VIER MILLIARDEN MENSCHEN HABEN KEINEN ZUGANG ZU TOILETTEN

(ALSO ZU IRGENDEINER APPARATUR ZUR SICHEREN ENTSORGUNG VON AUSSCHEIDUNGEN).

SPRICH: MEHR ALS DIE HÄLFTE DER WELTBEVÖLKERUNG.

Das größte Problem aber ist die GEWALTIGE Kluft zwischen denen, die all das haben, und den vielen anderen. In manchen Ländern lässt es sich gut aushalten, in anderen ist die Lage sehr schlimm. Kein Wunder, dass es zum Thema globale Gesundheit so viele fürchterliche Schlagzeilen gibt!

Andererseits: Schlechte Nachrichten liest man sowieso oft genug.
Hier geht es um die *guten*! Wie immer sind etliche Menschen, Firmen,
Hilfsorganisationen, ja ganze *Staaten* schon an den Problemen dran.
Auch in diesem Bereich geht es bergauf, wenngleich man vielleicht ein
bisschen näher hinschauen muss, um zu erkennen, wo genau. Nicht
zuletzt, weil sich kleine Fortschritte nicht für reißerische Schlagzeilen
eignen – sie sind deswegen aber noch lange nicht bedeutungslos. Jedes
winzige Schrittchen nach vorne rettet Menschenleben oder macht sie
erträglicher. Und manchmal sind es Millionen Menschenleben auf einmal.

> **»WIE HERRLICH IST ES, DASS NIEMAND EINE MINUTE ZU WARTEN BRAUCHT, UM DAMIT ZU BEGINNEN, DIE WELT LANGSAM ZU VERÄNDERN!«**
>
> **ANNE FRANK,** deutsches Mädchen jüdischen Glaubens,
> schrieb während des 2. Weltkriegs Tagebuch

DER KAMPF GEGEN KRANKHEITEN: EINE ERFOLGSGESCHICHTE

IMPFSTOFFE UND DAS ANTIKÖRPER-DOJO

Wenn wir von Fortschritten sprechen, die Millionen Leben retten, sind
Impfstoffe ganz vorne mit dabei. Etliche Krankheiten kann man nämlich
leicht vermeiden – wenn man sich dagegen impfen lässt. (Doch Achtung,
Falschnachrichtenalarm! *Fake News* über Impfstoffe verbreiten sich
wie ein Lauffeuer und führen dazu, dass manche Menschen Impfungen
skeptisch sehen. Dabei sind sie so wichtig. Buchstäblich lebensrettend.)

Aber langsam. Was ist ein Impfstoff überhaupt? Kurz gesagt: eine Vor-
beugungsmaßnahme, die dem Körper beibringt, wie er einen bestimmten
Krankheitserreger abwehren kann.

Durch das Impfen wird dein Körper sozusagen zu einem *Dojo*, also zu einer Kampfkunstschule. Und der Impfstoff ist der Großmeister. Er nimmt die Gestalt des Krankheitserregers an, ohne dir wirklich wehtun zu wollen, und macht dein *Immunsystem* so mit seinem Gegner vertraut. Dadurch lernt das System, *Antikörper* zu bilden, die den echten Erreger identifizieren und den Kampf aufnehmen können.

RING FREI!

ANTIKÖRPER **VS** KRANKHEITSERREGER

Wenn dann der *wahre* Bösewicht auftaucht, wissen deine Antikörper genau, wie sie ihn schnell abfertigen können.

Impfungen schützen vor allen möglichen Krankheiten: Masern, Tetanus, Kinderlähmung … Im Antikörperdojo herrscht Hochbetrieb. Die Corona-Pandemie war ein Rückschlag, denn aufgrund der Einschränkungen gelangten Impfstoffe nur schwer zu ungeimpften Kindern in aller Welt. Doch viele Organisationen setzen sich stark für das Impfen ein und legen sich nun besonders ins Zeug, um die verlorene Zeit wiedergutzumachen (zum Beispiel Rotary, die Weltgesundheitsorganisation und die *Bill & Melinda Gates Foundation*).

AUF NIMMERWIEDERSEHEN, POCKEN!

Tatsächlich haben wir schon eine Krankheit vollständig *ausgerottet*. Dreitausend Jahre lang wüteten die Pocken in aller Welt und forderten Hunderte Millionen Leben. 1796 wurde dann ein wirkungsvoller Impfstoff entwickelt. Und trotzdem dauerte es noch mal fast 200 Jahre, bis die Pocken wirklich erledigt waren! Richtig voran ging es erst, als die Weltgesundheitsorganisation 1967 einen **GROSSEN PLAN** schmiedete. Endlich arbeiteten verschiedene Länder zusammen und achteten gemeinsam darauf, dass die Impfstoffe etwas taugten. Und 1979 waren die Pocken von der Welt verschwunden! Eben weil wir gut *zusammengearbeitet* haben! Das predige ich hier nicht umsonst andauernd …

SCHLUSS JETZT, KINDERLÄHMUNG!

Auch andere Impfstoffe hatten durchschlagenden Erfolg. Wir sind so dicht dran, die Kinderlähmung komplett auszurotten:

- 1988 gab es 350 000 Fälle in 125 Ländern.
- 2019 waren es weniger als 40 Fälle, die in nur *zwei* Ländern entdeckt wurden.

DAS IST EIN RÜCKGANG VON ÜBER 99.9 PROZENT!

GAVI, DIE IMPFALLIANZ

In Sachen Impfungen haben wir also eine Menge erreicht. Ein großer Teil davon geht auf das Konto von Rotary, der Weltgesundheitsorganisation, der *Bill & Melinda Gates Foundation* und anderen. Vor einigen Jahren ist aber ein neuer Verband namens Gavi dazugestoßen – ein weltweites Bündnis, das 2000 gegründet wurde, um die Impfung von Kindern in ärmeren Ländern voranzubringen und so auch sie vor all den Krankheiten zu schützen, die ich gerade erwähnt habe. Durch die Zusammenarbeit mit Staaten, Wissenschaft, Impfstoffherstellern und Hilfsorganisationen verhilft Gavi inzwischen fast *jedem zweiten Kind auf der Welt* zu einer Impfung. Finanziert von reicheren Ländern, kümmert sich die Allianz darum, dass auch in ärmeren Ländern die nötigen Impfungen verabreicht werden. Und wenn diese Länder irgendwann selbst mehr Geld haben, zahlen sie ebenfalls in die Kasse ein. So helfen sich am Ende alle gegenseitig. Besser geht's nicht, oder?

> »ALLEIN SCHAFFEN WIR SO WENIG; ZUSAMMEN SO VIEL.«
>
> **HELEN KELLER**, Schriftstellerin, die sich für die Rechte von Menschen mit Behinderung einsetzte

Unter der Führung von Gavi, der Weltgesundheitsorganisation und anderen haben sich mehr als 190 Länder zusammengetan, um den Zugang zu Corona-Impfstoffen fair zu organisieren. So wollen sie die Kosten für Herstellung und Verteilung gemeinsam tragen. Es bringt ja nichts, nur einen Impfstoff zu *haben* – er muss auch genau die Menschen in aller Welt erreichen, die ihn am dringendsten brauchen. Die Pandemie hat bewiesen, wie eng verwoben unsere Welt ist. Kein Land kommt allein dagegen an. Wir *müssen* es zusammen angehen.

TEMPO, TEMPO, TEMPO: Die Entwicklung eines Impfstoffs zieht sich normalerweise zehn bis fünfzehn Jahre oder noch länger hin. Doch wenn der Druck groß ist, kann die Wissenschaft den **TURBO** anwerfen. Expertinnen und Experten in aller Welt stürzten sich nur so auf die Entwicklung eines Corona-Impfstoffs, unterstützt von Millionen Freiwilligen. Sie fingen bei **NULL** an und nicht einmal ein Jahr später war der erste Impfstoff in Großbritannien, der EU und den USA zugelassen! Sie haben also in *Monaten* geschafft, was sonst Jahre oder *Jahrzehnte* dauert. Da sieht man mal wieder, wie genial kreativ wir sind – insbesondere im Team!

GENOMIK
BITTE WAS? Ja, das habe ich zuerst auch gedacht.

Gemeint ist eine sehr nützliche Methode zur Bekämpfung von Krankheiten: die Analyse unseres *Genoms*. Jedes Lebewesen hat ein Genom – auch du! Dein Genom ist praktisch die Bauanleitung für dich selbst und es besteht aus der sogenannten DNS (auch DNA genannt). Im Rahmen des *Humangenomprojekts* arbeiteten Wissenschaftlerinnen und Wissenschaftler in aller Welt von 1990 bis 2003 an der Entschlüsselung des menschlichen Genoms. Sie wollten vor allem herausfinden, in welcher Reihenfolge seine drei Milliarden Einzelteile aneinanderhängen. (Stell es dir am besten vor wie ein unerhört kompliziertes LEGO-Modell, bei dem blöderweise die Anleitung fehlt.) Und wozu der Aufwand? Ganz einfach: Wer unser Genom versteht, kann ermitteln, mit welcher Wahrscheinlichkeit ein bestimmter Mensch eines Tages Krebs, eine Herzkrankheit oder Diabetes bekommt. Und je früher man das weiß, desto früher kann man Vorbeugungsmaßnahmen ergreifen. In der Zukunft könnte die Medizin mithilfe der Genomik maßgeschneiderte Behandlungspläne für uns alle entwerfen. Diese sogenannte »Präzisionsmedizin« hat das Zeug zu einer echten Revolution.

»HALLO, IST HIER IRGENDWO EIN ARZT?«

Das Wichtigste überhaupt ist, dass jede und jeder – wenn nötig – medizinisch versorgt wird. Die Gesundheit von Leuten ist nicht gesichert, wenn sie im Fall der Fälle nicht zur Ärztin oder ins Krankenhaus gehen können! Auch Impfstoffe werden nicht von guten Feen in aller Welt verteilt. Da braucht es echte Gesundheitsheldinnen und -helden. Werfen wir doch mal einen Blick auf ihre Großtaten:

ECHTE IMPFSTARS: Beim Megaprojekt Impfung gegen Kinderlähmung haben weltweit mehr als 20 MILLIONEN Freiwillige, Ärztinnen und Ärzte, Pflegerinnen und Pfleger mitgeholfen. Sie machten sich auf den Weg zu Kindern an allen Ecken und Enden der Welt – in trubeligen Städten, im tiefsten Dschungel oder in abgeschiedenen Bergdörfern. Manche kamen mit dem Fahrrad, andere per Hubschrauber oder auf dem Rücken eines Kamels oder Esels! Ist das nicht einfach großartig? Die Medizin findet einen Weg, und wenn er noch so mühsam ist!

MEDIZIN AUF RÄDERN: Überall gibt es mobile Krankenstationen, von Sambia über den Irak bis in die ländlichen Gebiete der Vereinigten Staaten. Sie sind dort unterwegs, wo weit und breit kein Krankenhaus zu finden ist. Genauso haben sie sich um Flüchtlinge in syrischen Lagern und um Obdachlose auf den Straßen Londons gekümmert.

MEDIZIN AUS DER FERNE: Auch über Videochat, Telefon oder sogar Textnachrichten können Ärztinnen und Ärzte Fragen zu Beschwerden stellen und Ratschläge geben. Das ist nicht nur an abgelegenen Orten sinnvoll, nein, auch in Ländern wie Deutschland, den USA und China wird es mehr und mehr genutzt (weil es einfach praktisch ist und Zeit spart) – und gerade während einer Pandemie hat es seine Vorteile!

HELDINNEN UND HELDEN DER PANDEMIE

Als sich das Coronavirus blitzartig in der Welt ausbreitete, hast du bestimmt viele Heldinnen und Helden in Aktion gesehen: Pfleger, Ärztinnen und andere Leute im Gesundheitssystem schufteten rund um die Uhr. Sie riskierten ihr Leben, um für ihre Patientinnen und Patienten da zu sein. Solche Berufe nennt man nicht umsonst **SYSTEMRELEVANT** – das heißt, ohne diese Menschen würde das Gesellschaftssystem zusammenbrechen. Dazu gehören auch Leute, die im Verkauf arbeiten oder Waren ausliefern und uns so mit allem versorgen, was wir täglich brauchen. Genauso wie die Müllabfuhr und wie Lehrerinnen und Erzieher, die sich um die Kinder von Menschen in systemrelevanten Berufen kümmerten, damit die ihrer unverzichtbaren Arbeit nachgehen konnten. Dazu war die furchtbare Pandemie immerhin gut: Sie hat uns gezeigt, wie unglaublich wichtig manche Jobs sind. Welche Menschen tatsächlich wahre **STARS** sind, obwohl sie für ihren Einsatz oft viel zu schlecht bezahlt werden.

JETZT DU! Menschen in systemrelevanten Berufen rackern sich für uns alle ab. Hast du eine Idee, wie du Danke sagen könntest? Vielleicht mit einem Brief, einem Bild oder einem Gedicht? Oder einem Lied? Was könntest du an eine Schule in deiner Stadt, ans nächste Krankenhaus oder an den Supermarkt schicken?

MEDIZINISCHE VERSORGUNG FÜR JEDEN GELDBEUTEL

Medizinische Versorgung ist **TEUER**. Etliche Leute müssten *dringend* ärztlich behandelt werden, können es sich aber nicht leisten. Jährlich rutschen weltweit 100 Million Menschen in extreme Armut ab, nur weil sie Arzt- und Medikamentenrechnungen nicht zahlen können. Exakt an diesem Punkt haben Einrichtungen wie der britische *National Health Service (NHS)* ihren großen Auftritt.

Im Jahr 1948, also nach dem 2. Weltkrieg, wurde mit dem *NHS* ein Riesenprojekt gestartet: Jede Bürgerin und jeder Bürger Großbritanniens sollte das ganze Leben lang kostenlosen Zugang zu medizinischer Versorgung erhalten. Die Anfangszeit verlief recht holprig, es mussten massenweise Angestellte angeheuert werden und noch mehr Leute warteten auf Medikamente oder Arzttermine. Doch der Aufwand hat sich gelohnt: Wer sich durchchecken lassen will, eine Untersuchung oder eine Operation braucht, muss dafür NICHTS bezahlen. Nein, das Geld kommt nicht von einem Goldesel oder so, sondern von Steuern. Das heißt, alle Menschen im Land zahlen in einen großen Topf ein (wobei die, die mehr haben, auch mehr einzahlen sollen als die, die weniger haben) und dann sorgt man mit diesem Geld dafür, dass es Schulen, Parks, Straßen und Feuerwehr für jeden und jede gibt. Oder eben Notärzte und Krankenhäuser für alle, die sie nötig haben. Ganz gleich, wer man ist, wo man wohnt oder wie viel man auf dem Konto hat. Wer Hilfe braucht, bekommt sie.

Der San Francisco Cuddle Club *(= Kuschelklub von San Francisco) bringt einsame Seniorinnen und Senioren mit betagten Hunden zusammen, die aufgrund ihres Alters keine neuen Herrchen und Frauchen finden. Das Ergebnis: gute Gesellschaft, viele Streicheleinheiten und keine Ausrede mehr, nicht regelmäßig spazieren zu gehen!*

> **»WASSER IST EIN ALLTÄGLICHES VORRECHT, DAS VIELE VON UNS ALS SELBSTVERSTÄND-LICHKEIT BETRACHTEN.«**
>
> **MARCUS SAMUELSSON,** äthiopisch-schwedischer Chefkoch

SAUBERES WASSER

Wenn Krankheiten sich nicht ungehindert ausbreiten sollen, ist sauberes, sicheres Trinkwasser ein absolutes Muss. Und doch haben viele Menschen auf der Welt keinen Zugang dazu. Oder sie müssen einen langen und *gefährlichen* Fußmarsch auf sich nehmen, nur um etwas zu trinken zu bekommen.

Jetzt zur guten Nachricht: Es geht bergauf. Wie die Weltgesundheitsorganisation und UNICEF berichten, haben seit dem Jahr 2000 mindestens 1,8 Milliarden Menschen eine bessere Versorgung mit Trinkwasser erhalten, zum Beispiel über Rohrleitungen.

Doch auch dort, wo es eine Wasserversorgung gibt, ist sie oft noch instabil. Fließend Wasser rund um die Uhr, wie wir es kennen, ist eben **LUXUS!** Aber trotzdem, es geht in die richtige Richtung. Schließlich muss man auch die *Ausgangslage* bedenken. Äthiopien zum Beispiel hat in nur 25 Jahren immerhin 40 Prozent seiner Bevölkerung mit sauberem Trinkwasser versorgt, obwohl das Land währenddessen auch noch mit Krieg, Hungersnöten und anderen Problemen zu kämpfen hatte. Ganz schön beeindruckend, was?

Oder schauen wir nach Paraguay: Im Jahr 2000 hatte etwa die Hälfte der ländlichen Bevölkerung Zugang zu sauberem Trinkwasser. Im Jahr 2017 waren es 99 Prozent. Paraguay hat sich also richtig ins Zeug gelegt und sogar drei Jahre vor den UN Wasser zum Menschenrecht erklärt.

PFOTEN WASCHEN! Auch wenn es keine bahnbrechende Neuigkeit sein mag: Wer Krankheiten einen Riegel vorschieben will, sollte sich regelmäßig mit Wasser und Seife die Hände waschen, und zwar schön gründlich! Gerade der Kampf gegen das Coronavirus hat gezeigt, was für einen **RIESENUNTERSCHIED** das macht. Das Problem ist aber, dass sich nur 60 Prozent der Bewohnerinnen und Bewohner unseres Planeten zu Hause einigermaßen vernünftig die Hände waschen *können*. Deshalb versuchen gerade viele, das mit voller Kraft zu ändern. Auch Unternehmen wie Unilever beteiligen sich: Im Rahmen des Lifebuoy-Projekts hat es mehr als eine Milliarde Menschen in aller Welt unterstützt – durch Handwaschstationen, durch Information und Beratung und durch leicht verfügbare und bezahlbare Seife.

Hilfsorganisationen leisten ebenfalls einen großen Beitrag, oft im Team mit der Bevölkerung vor Ort. In Nepal hat sich die Organisation *charity:water* mit *Nepal Water for Health* zusammengetan, einem Partner aus der Region, um ein Rohrleitungssystem zu bauen – es transportiert Quellwasser aus dem Gebirge hinunter zu öffentlichen Wasserhähnen im Bezirk Sindhuli. In Madagaskar hat *WaterAid* gemeinsam mit Einheimischen ein neues Versorgungssystem mit 13 öffentlichen Wasserstellen errichtet. Ein 85-Jähriger namens Dadabe, der älteste Bewohner des Dorfs Belavabary, durfte den Hahn schließlich als Erster aufdrehen und war so aus dem Häuschen, dass er ein paar Tanzschritte hinlegte!

Doch da wäre noch etwas anderes, das sehr, *sehr* eng mit sauberem Wasser zusammenhängt: **SANITÄRE ANLAGEN.**

Oder einfacher ausgedrückt …

TOILETTEN!

Je nachdem, wo auf der Welt man ist, sehen Toiletten ganz unterschiedlich aus. Von Löchern im Boden, von niedrigen bis hohen Porzellanthronen ist alles dabei. In manchen Ländern kann man sich sogar von ihnen waschen und ein Lied vorsingen lassen! Mir geht es aber um das *Nötigste*, also um irgendein System zur sicheren Entsorgung von … äh … menschlichem Pipi und Kacka. Denn wenn man das nicht sauber loswird, bekommt man es schnell mit einer Horde Krankheitserreger zu tun, die in kürzester Zeit die Wasserversorgung und die gesamte Umgebung verseuchen und … na, den Rest kannst du dir vorstellen.

Also: Toiletten! Es gibt schlicht nicht genug davon, bei Weitem nicht. Nicht einmal die Hälfte der Weltbevölkerung hat Zugang zu sicheren sanitären Anlagen und 673 Millionen Menschen erledigen ihr Geschäft noch immer *im Freien*. Ein Glück, dass etliche Staaten, Hilfsorganisationen und persönlich Betroffene alles daransetzen, diese Zahlen zu senken. Besonders in Äthiopien, Bangladesch, Nepal, Pakistan und Indien wurden große Fortschritte erzielt.

GESTATTEN: MR TOILET

Achtung, wahre Geschichte: Das ist Jack Sim, ein Geschäftsmann aus Singapur, der seine Karriere aufgegeben hat, **UM FÜR TOILETTEN ZU WERBEN!** Am 19. November 2001 hat er die *World Toilet Organisation* gegründet, die informieren und weiterbilden und so mal eben die Welt verändern soll. Diesen Tag hat Sim zum Welttoilettentag erklärt und zwölf Jahre später haben die UN daraus einen hochoffiziellen Welttag gemacht. Trag ihn doch auch in deinen Kalender ein!

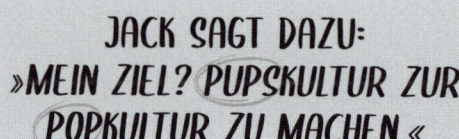

JACK SAGT DAZU:
»MEIN ZIEL? PUPSKULTUR ZUR POPKULTUR ZU MACHEN.«

Und es gibt noch mehr Gründe, zuversichtlich nach vorne zu schauen. Andere Leute arbeiten an einer kompletten Neuerfindung der Toilette, damit sie günstiger wird – und sich wirklich *jeder* Mensch eine leisten kann.

Es ist ja so: Wenn ich »Toilette« schreibe, stellst du dir wahrscheinlich so etwas vor.

Die grundlegende Technik dieses Wunderwerks wurde schon 1775 entwickelt. Die Toilette selbst ist sogar noch viel älter – bereits vor 5000 Jahren benutzten die Sumerer in Mesopotamien Vorläufer unserer WCs und es gibt Hinweise darauf, dass in der uralten Indus-Kultur mit fließendem Wasser hinuntergespült wurde. Die Technik funktioniert ja auch wunderbar – doch das

dazugehörige Abwassersystem ist zu kostspielig für die Ärmsten der Welt. Deshalb gibt es inzwischen etliche Ansätze, wie es günstiger gehen könnte. Die *Bill & Melinda Gates Foundation* hat auf der Suche nach der optimalen Lösung sogar eine **TOILETTEN-CHALLENGE** ausgerufen! Unter den prämierten Ideen waren eine solarbetriebene Toilette und eine wasserfreie *Nano-Membran-Toilette*, die Kot in Brand setzt und so genügend Strom erzeugen könnte, um ein Mobiltelefon aufzuladen!

WER WEISS? Vielleicht wird eine geniale Toiletten-Neuerfindung bald die ganze Welt aufmischen!

Wo wir schon von Erfindungen sprechen, die Leben retten – in der Welt der Technik tut sich so viel, dass wir uns dort unbedingt genauer umschauen sollten.

TECHNIK, DIE DAS LEBEN VERÄNDERT

SMARTWATCHES UND FITNESSTRACKER:

Damit laufen bereits einige Leute herum, auch wenn man die Dinger leicht mit stinknormalen Armbanduhren verwechseln kann. Tatsächlich zählen sie Schritte, messen den Herzschlag und vieles mehr. Doch sie sind mehr als nur eine Spielerei für technikverrückte Fitnessfreaks. Sie sind enorm nützlich, wenn man nicht mal eben zum Durchchecken ins Krankenhaus kann oder wenn die Gesundheit laufend überwacht werden muss.

DROHNEN-LIEFERDIENSTE:

Drohnen – hast du die schon mal gesehen? Oder damit *gespielt*? Drohnen sind fernsteuerbare Flug-roboter, die im Gegensatz zu Kranken-wagen *überallhin* gelangen können. Ideal, um medizinische Ausrüstung, Medikamente oder auch Selbsttests an abgelegene Orte zu beför-dern oder Proben abzuholen und ins Labor zu schaffen.

VIRTUAL REALITY (VR):

Das ist jetzt aber eine Spielerei, oder? EBEN NICHT! Oder nicht nur. In der virtuellen Realität können Studierende der Chirurgie neue Operationen üben und gestandene Ärztinnen und Ärzte beson-ders knifflige Eingriffe unter Fast-wie-in-echt-Bedingungen trainieren. Interessant, oder? Außerdem könnten Patientinnen und Patienten mithilfe einer beruhigenden virtu-ellen Umgebung in eine entspannte Stimmung versetzt werden. Mit guter Musik, einer schönen Aussicht … die Möglichkeiten sind endlos!

3D-DRUCKER:

Sie wurden bereits genutzt, um alles Mögliche herzu-stellen, von individuell angepasstem Operationsbesteck bis hin zu Prothesen, also künstlichen Gliedmaßen. Besonders nützlich sind 3D-Drucker für Dinge, die ansonsten extrem kostspielig oder erst nach Ewigkeiten fertig wären – oder die dringend benötigt werden, wie Schutzkleidung während einer Pandemie! (3D-Drucker könnten RICHTIG einschlagen. Ich frage mich ja, ob wir uns irgendwann auch was zum Knabbern drucken können …)

KÜNSTLICHE INTELLIGENZ: Derzeit werkelt die Wissenschaft an *Algorithmen*, die Krankheiten identifizieren (und sogar vorhersagen) können – selbst solche, die sehr schwer zu entdecken sind. Warum sich diese Rechenverfahren gut dazu eignen? Sie können **GIGANTISCHE** Datenmengen verarbeiten und nach Mustern durchleuchten. Nein, sie sollen uns Menschen nicht die Arbeit wegnehmen. Sie sollen sie uns *erleichtern*!

JETZT DU! Welche Rolle könnten Künstliche Intelligenz und Roboter in der medizinischen Versorgung noch spielen? Wie wird die Zukunft wohl aussehen? Kannst du es dir vorstellen?

Zusammen mit Sanitäterinnen und Sanitätern testet die britische Firma Gravity Industries einen medizinischen Raketenanzug. Damit könnten eines Tages hilfsbedürftige Menschen in schwer zugänglichen, felsigen und bergigen Gebieten erreicht werden.

Die medizinische Versorgung ist ein wichtiges und **GROSSES** Thema. Weltweit gibt es so viele Baustellen, man weiß gar nicht, wo man anfangen soll, und in den Nachrichten sieht sowieso alles sehr düster aus. Was natürlich nicht die Schuld der Nachrichten ist. Im Gegenteil, sie *müssen* uns darüber aufklären, worum wir uns schleunigst *kümmern* sollten. Aber falls dir deswegen die Sorgen über den Kopf wachsen:

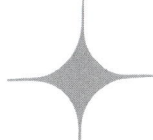

Ein Haufen guter Leute hat die Probleme schon im Visier. So schlecht es manchmal aussieht, dank unserer Gesundheitsheldinnen und -helden und vieler anderer kluger, kreativer und großherziger Menschen wird es stetig besser. Und irgendwann wirst vielleicht auch *du* mit anpacken!

WAS NOCH ZU TUN IST

- Wir müssen so viele Krankheiten wie möglich komplett ausrotten.
- Wir müssen sicherstellen, dass jeder Mensch Zugang zu sauberem Trinkwasser und sanitären Anlagen hat (ja, zu **TOILETTEN**).
- Wir dürfen niemanden vergessen. Das allergrößte Problem bei der medizinischen Versorgung ist ihre Ungleichheit – da müssen wir ran. Bei diesem Thema darf es einfach keine Rolle spielen, wo man geboren wurde oder wo man lebt.
- Wir müssen coole neue Technologien clever einsetzen, um unverzichtbare Dinge zu verbessern und für alle bezahlbar und verfügbar zu machen.

UND WIE SCHAFFEN WIR DAS?
DAS KANNST *DU* TUN:

LIES DICH SCHLAU: … über Gesundheitsthemen aus aller Welt. Aber überprüfe immer die Fakten und führe bei allen Nachrichten deinen Fake-News-Test durch, um bloß keinen Fehlinformationen auf den Leim zu gehen!

REDEN, REDEN, REDEN: … über Gesundheitsthemen – ganz gleich, mit wem. Aber sprich auch über deine eigene Gesundheit. Wir haben alle einen Körper und irgendwann bricht sich jede und jeder irgendetwas, fühlt sich nicht gut oder muss ins Krankenhaus. Das ist ganz normal und kein Grund, Angst zu haben. Falls du dir Sorgen machst, friss sie nicht in dich hinein. Egal, ob es um deinen Körper oder um deine Seele geht, such dir einen Erwachsenen, dem du vertraust und mit dem du darüber reden kannst.

MACH DEN MUND AUF: Wenn du Ungerechtigkeiten beobachtest, etwa dass manche Menschen sauberes Wasser und funktionierende Toiletten haben und andere nicht, nur weil sie woanders wohnen, und sich deswegen alle möglichen Krankheiten einfangen – dann schreib an die Unternehmen, die in diesen Gegenden tätig sind. Frag sie, ob sie schon die Ärmel hochgekrempelt und losgelegt haben, um etwas zu ändern. Und wende dich genauso an die Politik.

WERDE AKTIV: Warum nicht Geld für Projekte sammeln, die den Kampf gegen Krankheiten aufnehmen oder Menschen eine Chance auf sauberes Wasser und sichere sanitäre Anlagen verschaffen? Oder wirst du eines Tages die Toilette der nächsten Generation erfinden – oder ein anderes fantastisches Stück Technik, das etliche Leben rettet? Oder wirst du vielleicht selbst in der Medizin oder der Pflege tätig sein oder einen anderen systemrelevanten Beruf ergreifen, ohne den wir vollkommen aufgeschmissen wären?

KAPITEL 5

GUTE GESELLSCHAFT

GERECHTIGKEIT, GLEICHBE-
HANDLUNG UND TROMMELN
FÜR EINE BESSERE WELT

Kennst du das? Irgendetwas kommt dir einfach unfair vor. Zum Beispiel, wenn du und dein Bruder oder deine Schwester, eine Freundin oder ein Freund bei etwas Verbotenem erwischt werdet (was natürlich niemals nie vorkommt, schon klar. Aber in der Theorie …), und dann kriegst **DU** Ärger, während der oder die andere grinsend von dannen zieht. Oder so: Es ist brütend heiß und du kaufst dir eine Kugel Eis. Doch der Mensch vor dir in der Schlange bekommt eine **VIEL** größere Kugel, nur weil er beispielsweise grüne Augen hat und du nicht. Oder du hast grüne Augen und bekommst deshalb die größere Kugel, während dein braunäugiger Kumpel mit einer kleineren abgespeist wird. Wie fändest du das? Wäre das fair?

Der eine oder andere würde dazu sagen: »Na, das Leben ist nun mal nicht fair.« Und das stimmt. Auch »guten« Menschen passieren schlimme Dinge, so wie Krankheiten und Unfälle, das wird man nie verhindern können. Andererseits können wir einige Ungerechtigkeiten *sehr wohl* in Ordnung bringen. Wie fandest du das Beispiel mit den grünen Augen? Kam es dir nicht ziemlich abwegig vor? Es ist aber leider realistisch. Menschen werden wirklich unterschiedlich behandelt, je nachdem, wie sie aussehen. Oder woher sie stammen. Oder wie gesund sie sind. Auf diese spezielle Ungerechtigkeit werden wir noch zurückkommen, das ist nämlich ein dickes Ding. Doch in der Gesellschaft klafft außerdem eine große **LÜCKE** zwischen dem, was manche besitzen und wie sie leben, und dem, was *andere* besitzen und wie *sie* leben.

> ## ES GIBT LÜCKEN *ZWISCHEN* LÄNDERN.
>
> ## ABER AUCH *INNERHALB* VON LÄNDERN.

Und ich meine keine Minilücke, die man mit einem Hopser überwinden könnte. Ich meine einen riesigen **ABGRUND**.

Auf unserer Welt gibt es Menschen, die nicht wissen wohin mit ihrem Geld, und andere, die keine Ahnung haben, wann sie sich wieder eine ordentliche Mahlzeit oder einen sicheren Schlafplatz leisten können. Die vielleicht nicht mal zur Schule gehen können, die kein sauberes Wasser zu trinken haben und nicht zum Arzt können. In den Nachrichten ist davon häufiger die Rede, und es kann einem wirklich Sorgen machen. Es kann einem das Herz brechen. Aber glaub mir: Die Menschheit als Ganzes hat große, gewaltige Schritte in die richtige Richtung gemacht und manche Leute widmen ihr *ganzes Leben* dem Kampf gegen diese Ungerechtigkeiten. Nein, es sieht nicht gerade rosig aus. Es gibt aber auch keinen Grund, uns eine 6- ins Zeugnis zu schreiben. Immerhin haben wir schon einiges hingekriegt ...

WIR HABEN UNS DAS KLARE ZIEL GESETZT, EXTREME ARMUT ZU BEKÄMPFEN, UND DIESER KAMPF HAT ERFOLG.

In den letzten Jahrzehnten ist die Armut weltweit zurückgegangen. Wie bitte? In der Zeitung liest sich das doch total anders!? Ja, schon. Wahrscheinlich, weil so ein langsamer, schrittweiser Wandel einfach keine knallige Schlagzeile hergibt. Und dennoch ist er REAL.

Die sogenannte *Armutsgrenze* setzt fest, wie viel Geld man mindestens braucht, um sich einigermaßen über Wasser zu halten. Sie ist nicht supergenau, aber besser als nichts. Global gesehen liegt dieses Existenzminimum bei 1,90 US-Dollar pro Tag. Auf dieser Grundlage kann man berechnen, wie viele Menschen darunter liegen, also in extremer Armut leben – und die Anzahl dieser Personen hat sich seit 1990 mehr als HALBIERT. (Darüber hinaus ist sie in den letzten *200 Jahren* stetig gefallen; auch wenn die Daten unsicherer werden, je weiter man in die Vergangenheit geht.) Seit 1990 ist eine *Milliarde* Menschen der schlimmsten Not entkommen.

Jetzt würden viele sagen: Aber 1,90 Dollar reichen doch niemals zum Leben! Und das ist völlig richtig. Es gibt auch höhere Armutsgrenzen, etwa 5 Dollar am Tag, 7 Dollar oder sogar 15 Dollar. Doch bisher ist die Anzahl der Menschen **UNTER JEDER DIESER GRENZEN** gefallen. Genau: Bisher …

Unvorhersehbare Ereignisse mit weltweiten Auswirkungen – wie die Corona-Pandemie – führen häufig dazu, dass Millionen Menschen ihre Arbeit verlieren und in extreme Armut abrutschen. Für uns heißt das, dass wir unsere Anstrengungen im Kampf gegen die Armut verdoppeln müssen! Und zwar wir alle, Staaten und Hilfsorganisationen genauso wie Unternehmen und jede und jeder Einzelne.

Marcus Rashford, ein Fußballstar vom Verein Manchester United, startete während der Corona-Pandemie eine große Aktion: Er wollte, dass kein Kind in den Schulferien hungern muss. Hunderte Cafés, Restaurants, Geschäfte, Wohltätigkeitsvereine und Gemeindeverwaltungen folgten seinem Aufruf und versorgten benachteiligte Kinder mit Gratis-Mahlzeiten. Ist das nicht toll? Auch Leute wie du und ich machten mit, warben für Rashfords Aktion und forderten die Regierung dazu auf, endlich entschlossen gegen Kinderarmut vorzugehen.

IN ALLER WELT GEHEN MEHR KINDER ZUR SCHULE ALS JE ZUVOR UND ES GEHEN MEHR MÄDCHEN ZUR SCHULE ALS JE ZUVOR.

Jetzt denkst du dir womöglich: Äh, warum werden Mädchen extra erwähnt? Weil sie früher in weiten Teilen der Welt eben *nicht* zur Schule gehen konnten. (Es gab allerdings auch löbliche Ausnahmen wie das antike Sparta – dort wurden Mädchen und Jungen zunächst gleich ausgebildet. **BRAVO, IHR SPARTANER!**). Bildung für Mädchen galt als unwichtig. Man fand, dass sie sich ihre hübschen Köpfchen nicht über schwierige Themen zerbrechen sollten (unfassbar, was?).

Zum Glück sind wir in den letzten 200 Jahren (und besonders in den letzten 50) **MÄCHTIG** vorangekommen. Inzwischen sehen die meisten Leute ein, wie wichtig Schulbildung für jedes Kind ist und nicht nur für Jungs. Und seit mehr Kinder zur Schule gehen, können auch mehr von ihnen lesen und schreiben denn je – was die Tür zu etlichen Möglichkeiten weit aufstößt. Doch Lesen und Schreiben ist natürlich nicht alles. Bildung hängt mit **SO VIELEM** zusammen …

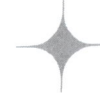

... MIT UNSERER GESUNDHEIT: Man lernt, wie man auf sich achtet und sich vor Krankheiten schützt.

... MIT UNSEREM VERSTÄNDNIS VON NATUR: Man lernt, wie die Welt funktioniert, welche Rolle MAN SELBST dabei spielt und nicht zuletzt, wie man die Umwelt bewahrt.

... MIT UNSEREM START INS LEBEN: Man lernt viel über sich selbst. Darüber, wie man mit anderen umgehen sollte. Und wie man sich Neues aneignet, damit man später, wenn man groß ist, einen Job finden oder eine Firma gründen und genug Geld für ein gutes Leben mit Familie verdienen kann.

BILDUNG IST WIE EIN SCHLÜSSEL. ZU UNENDLICH VIELEN CHANCEN.

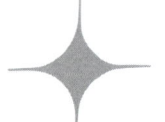

> **»BILDUNG IST KEIN LUXUS, SONDERN LEBENSWICHTIG. BILDUNG IST KEIN VORRECHT, SONDERN OBERSTES ZIEL.«**
>
> **KÖNIGIN RANIA AL ABDULLAH VON JORDANIEN,**
> Menschenrechtsaktivistin

All denen, die lesen und schreiben und mit Zahlen umgehen können, stehen Berufe offen, für die man diese Fähigkeiten benötigt. Und in diesen Jobs verdient man meist ein bisschen mehr als in anderen. Aus diesem Grund ist **CHANCENGLEICHHEIT** so zentral. Was das bedeutet? Dass alle Menschen die gleiche Chance auf ein gutes Leben haben sollten. Im Moment bekommen jedoch *Millionen* Kinder in aller Welt zur Geburt so schlechte Karten ausgeteilt, dass von Fairness keine Rede sein kann. Dagegen hilft nur Bildung, und deshalb muss diese gratis und für alle verfügbar sein.

Klingt gut, oder? Tatsächlich setzen sich viele Leute genau für die Kinder ein, die allzu oft übersehen werden:

- Die Hilfsorganisation *War Child* hat in Krisengebieten in Afghanistan und im Jemen Lehrerinnen und Lehrer ausgebildet und Schulen errichtet. So konnten Tausende von Kindern nach langer Zeit ins Klassenzimmer zurückkehren.

- Die *LEGO Foundation* hat mit ihrer Aktion *Education Cannot Wait* 40 Schulen, die 2020 bei einer großen Explosion im libanesischen Beirut zerstört wurden, an einen sicheren Ort verlegt und ihnen Starthilfe gegeben.

117

- In allen möglichen Ländern, etwa in Großbritannien, in Estland, Schweden, Finnland, Brasilien, Indien und Liberia, bekommen Kinder ein kostenloses Schulessen pro Tag. So werden kleine Mägen gefüllt und viele Familien, die sich kaum etwas Vernünftiges zu essen leisten können, haben es etwas leichter.

- Die Organisation *CAMFED (Campaign for Female Education)*, die in ganz Afrika tätig ist, verschafft Mädchen in ländlichen Gegenden von Ghana, Malawi, Tansania, Sambia und Simbabwe eine Chance auf Schulbildung. Sie finanziert Schuluniformen, Schulbücher und Fahrräder für den Schulweg (der oft sehr weit ist), außerdem Brillen und Hörgeräte für Kinder, die ohne nicht lernen könnten.

Das sind nur ein paar wenige Beispiele. Noch viel, viel mehr Leute und Organisationen wollen Kindern regelmäßigen Unterricht ermöglichen. Sie haben jede Unterstützung verdient – gerade jetzt, wo das Coronavirus weltweit das Leben etlicher Kinder durcheinandergewirbelt hat.

Doch wie geht es weiter? Was kommt *nach* der Schule?

DIE GROSSE BÖSE ARBEITSWELT

Schule ist schon okay, oder? Aber *danach* kommt es doch genauso darauf an, welche Chancen man für den Start ins »richtige« Leben hat. Auch in diesem Bereich bemühen sich viele tolle Menschen und Organisationen darum, zu helfen:

- Mit seinem Unternehmen *Balloon Latam* hilft Sebastián Salinas benachteiligten Menschen in Chile, Argentinien und Mexiko bei der Firmengründung.

- In abgelegenen Gebieten des Jemen unterstützt ein UN-Projekt Frauen dabei, eine eigene Solaranlage aufzubauen und damit Geld zu verdienen. So können sie ihre Familien ernähren und zugleich ländliche Gegenden mit Strom versorgen.

- Die Londoner Hilfsorganisation *Breaking Barriers* hat sich mit dem schwedischen Möbelhersteller IKEA zusammengetan, um Geflüchteten Arbeit zu verschaffen und ihnen so ein neues Leben zu ermöglichen.

- Leilah Janah (die leider nicht mehr unter uns ist – sie ist Anfang 2020 an Krebs gestorben) und ihr Unternehmen *Samasource* haben 10 000 bitterarmen Menschen in Kenia, Uganda und Indien zu digitalen Jobs verholfen, die sie problemlos ausüben können.

Beeindruckend, oder? Wenn dir jemand weismachen will, dass **ALLE** Unternehmen böse sind, kannst du diese Beispiele aus dem Hut zaubern. Und wenn du eine eigene Firma gründen würdest, würde sie die Welt bestimmt auch ein Stück besser machen, nicht wahr?

Die Bosse von 27 großen New Yorker Unternehmen, von der Welt der Technik über die Medien bis zu Banken und Pharmakonzernen, haben versprochen, bis zum Jahr 2030 mindestens 100 000 New Yorker Bürgerinnen und Bürger aus armen Verhältnissen oder Minderheiten einzustellen.

GUTE NACHRIC KOMPAKT.

DER KAMPF UM GLEICHBERECHTIGUNG

Bisher haben wir das Thema Ungleichheit (oder Ungerechtigkeit) immer nur von einer Seite betrachtet: wie viel Geld man hat und wie man lebt, was auch mit Grundrechten wie Gesundheit und Bildung zu tun hat. Doch viele Menschen sind von einer anderen Art der Ungerechtigkeit betroffen. Dabei geht es darum, wie mit ihnen umgegangen wird.

Wie jetzt? Wir sind doch alle Menschen, also werden wir sicherlich auch alle gleich behandelt, oder?

EBEN NICHT.

Manche Menschen werden anders behandelt als andere, weil sie ein bestimmtes Geschlecht haben. Weil sie eine bestimmte Hautfarbe haben oder aus einer bestimmten Gegend kommen. Weil sie das »falsche« Geschlecht lieben. Oder weil sie behindert sind. Und dadurch haben sie oft weniger Chancen, als sie haben sollten. Manche Türen werden ihnen einfach vor der Nase zugeschlagen. Oder sie kommen nur sooooo schwer hindurch, dass es praktisch unmöglich ist.

Doch auch hier tut sich etwas. Zwar immer nur ein bisschen, doch aus vielen bisschen wird eine Menge.

> **»ECHTER, DAUERHAFTER WANDEL, VOLLZIEHT SICH SCHRITTWEISE.«**
>
> **RUTH BADER GINSBURG**, Richterin am Obersten Gerichtshof der Vereinigten Staaten und Kämpferin für Frauenrechte. Verstorben 2020. Bleibt in Erinnerung als Symbol der juristischen, kulturellen und feministischen Erneuerung und als Streiterin für Gleichbehandlung.

DIE FRAUENRECHTSBEWEGUNG

Was in den letzten paar Jahrzehnten weltweit betrachtet gut gelaufen ist:
- Mehr Mädchen gehen zur Schule.
- Weniger junge Mädchen und Frauen werden zur Ehe gezwungen.
- Mehr Frauen haben das Wahlrecht erhalten und können so mitbestimmen, wer zukünftig das Sagen hat.
- Mehr Frauen gehen in die Politik und besetzen Führungspositionen in der Wirtschaft.
- Es gibt mehr Gesetze gegen die Benachteiligung von Frauen, nur weil sie Frauen sind.

Außerdem wird zunehmend über das **LOHNGEFÄLLE** zwischen den Geschlechtern gesprochen. Also darüber, dass Frauen häufig schlechter bezahlt werden als Männer – für *die gleiche* Arbeit.

Klingt unglaublich? Auf jeden Fall. Trotzdem ist es **WAHR**. Weltweit erkennen immer mehr Menschen, wie ungerecht das ist, und manche Unternehmen veröffentlichen Informationen über die Gehälter ihrer Angestellten, damit jede und jeder sehen kann, wer wie viel

bekommt. Denn was niemand weiß, darüber kann sich auch niemand beschweren, wodurch sich nie etwas ändert! Doch nun flacht das Lohngefälle global gesehen ganz allmählich ab.

DIE BEWEGUNG FÜR DIE RECHTE VON LGBTQI-MENSCHEN (= VON LESBISCHEN, SCHWULEN *(GAY)*, BISEXUELLEN, TRANS-, QUEEREN UND INTERSEXUELLEN MENSCHEN)

Manche Frauen werden *diskriminiert*, also benachteiligt, nur weil sie mit einer anderen Frau zusammen sind. Genau wie manche Männer, die mit einem anderen Mann zusammen sind. Genauso wie Menschen, die das Gefühl haben, weder in die Schublade mit der Aufschrift »Männer« noch in die mit der Aufschrift »Frauen« zu passen. In Großbritannien zum Beispiel galten Schwule früher als geisteskrank. Ja, man konnte deswegen sogar im Gefängnis landen. Der Mathematiker Alan Turing, der im 2. Weltkrieg als genialer Codeknacker Millionen Menschenleben gerettet hatte, wurde später der Liebe zu einem Mann »überführt« und vom britischen Geheimdienst hinausgeworfen! Ein schönes Dankeschön für einen HELDEN. Nur gut, dass es heute ganz anders aussieht – hauptsächlich dank der LGBTQI-Bewegung.

Diese Bewegung kämpft seit Langem dafür, dass wir alle lieben und heiraten können, wen wir wollen. Dafür, dass wir einfach *wir selbst* sein dürfen. Das sind wahrlich keine übertriebenen Forderungen, oder? Und doch waren Beziehungen zwischen Männern bis 1969 in Deutschland *illegal*. Eine Ehe zwischen zwei Männern oder zwei Frauen ist in Deutschland erst seit 2017 erlaubt. Davor war es seit 2001 möglich, eine *eingetragene Lebenspartnerschaft* einzugehen, die aber nicht die gleichen Rechte bedeutete wie eine Ehe zwischen Mann und Frau. In etlichen Ländern verstoßen LGBTQI-Beziehungen bis heute gegen das Gesetz, doch dagegen regt sich immer mehr Widerstand. Und die harte Arbeit der Aktivistinnen und Aktivisten ist nicht umsonst: Nach und nach führen Länder rund um die Welt endlich die Ehe für alle ein.

Am Christopher Street Day wird überall auf der Welt mit prächtigen Paraden an den Stonewall-Aufstand von 1969 erinnert. Damals setzten sich die Gäste einer Schwulenbar in der New Yorker Christopher Street gegen eine Polizeirazzia zur Wehr. An diesem Tag wird deshalb voller Überschwang gefeiert, was es bedeutet, man selbst zu sein – mit Regenbogenfarben, Glitzer, Musik und guter Stimmung. Doch dahinter steckt eine ernste Botschaft: Es ist wichtig, geschlossen aufzutreten, sich selbst anzunehmen, wie man ist, und unermüdlich für Gerechtigkeit zu kämpfen.

An allen staatlichen Schulen Schottlands muss die Geschichte der LGBTQI-Bewegung unterrichtet werden. Damit alle Schülerinnen und Schüler verstehen lernen, was Diskriminierung bedeutet, wie hart die Betroffenen für Gerechtigkeit kämpfen müssen – und dass eine Familie nicht zwangsläufig aus Vater-Mutter-Kind besteht. Wir sind, wer wir sind, wir lieben, wen wir lieben, und jeder Mensch hat ein Recht auf faire und respektvolle Behandlung.

»STEIN FÜR STEIN BEREITEN WIR DEN WEG ZUR SONNE DER GERECHTIGKEIT. DIESEN STEIN LEGE ICH.«

TIM COOK, Apple-Chef, der kein Geheimnis daraus macht, dass er schwul ist

123

DIE BÜRGERRECHTSBEWEGUNG DER USA IN DEN 1950ER UND 1960ER JAHREN

Heutzutage ist Rassismus, also Diskriminierung aufgrund der Hautfarbe und anderer äußerer Merkmale, überall ein großes Thema – was ganz schön erstaunlich ist. Vor ein paar Hundert Jahren war man sich gerade in den mächtigsten Ländern nämlich weitgehend einig, dass manche Menschen weniger wert sind als andere. Und dass ein Mensch einem anderen *gehören* kann. Der reinste WAHNSINN, oder? Im Zuge des Sklavenhandels wurden mehr als *12 Millionen* Menschen aus Afrika quer über den Atlantik nach Amerika gebracht, und wer die gefährliche Reise überlebte, musste für einen Sklavenhalter schuften.

Die Mehrheit fand das vollkommen in Ordnung – was sich zum Glück seitdem gründlich geändert hat. Sklavenhandel und Sklaverei wurden abgeschafft (1834 in Großbritannien und 1865 in den USA), und heute hat sich praktisch die gesamte Menschheit darauf geeinigt, dass Sklaverei verboten gehört. Trotzdem hat uns unsere Vergangenheit eine Reihe von Problemen hinterlassen, die wir dringend angehen müssen. Unter anderem die Diskriminierung von Menschen aufgrund ihrer Herkunft oder Hautfarbe.

In den 1960er Jahren trug die Bürgerrechtsbewegung der USA einen harten Kampf gegen die *Rassentrennung* aus. Zu dieser Zeit mussten Schwarze bestimmte Schulen besuchen und im Bus auf bestimmten Plätzen sitzen, ja, sie durften nicht mal auf die gleichen Toiletten gehen wie Weiße. 1963 marschierte eine Viertelmillion Menschen aus Protest nach Washington, und bei dieser Gelegenheit hielt Martin Luther King Jr. seine berühmte Rede: »Ich habe einen Traum …«. Es gab viele, die ihre Stimme erhoben und etwas bewegten, und mit dem *Civil Rights Act* von 1964 wurde endlich JEDE Diskriminierung aufgrund von Rasse, Hautfarbe, Geschlecht, Religion und Herkunft in den USA verboten. (Ja, das sind lauter Selbstverständlichkeiten. Aber wenn man sie nicht per GESETZ festgelegt hätte, hätte sich wohl nie etwas geändert.)

So gewaltig diese Fortschritte waren, sie konnten den Rassismus nicht aus der Welt schaffen. Schwarze wurden (und werden) immer noch unfair behandelt … manchmal sogar von der Polizei.

DIE BLACK-LIVES-MATTER-BEWEGUNG

Im Jahr 2013 ließ eine amerikanische Jury einen Zivilisten laufen, der einen 17-jährigen Schwarzen namens Trayvon Martin erschossen hatte, nur weil er ihm »verdächtig« vorgekommen war. Trayvon war unbewaffnet und auf dem Rückweg von einem Laden gewesen, wo er sich etwas Süßes und einen Eistee besorgt hatte. Sein Tod ließ eine Bewegung aufflammen: *Black Lives Matter*, was so viel heißt wie *Die Leben von Schwarzen bedeuten etwas*. Seitdem sind viele weitere Schwarze von Polizisten und anderen getötet worden, und jeder dieser Vorfälle hat das Feuer weiter angefacht.

Im Jahr 2020 wurde die unbewaffnete Rettungssanitäterin Breonna Taylor zum Opfer. Zwei Monate später wurde George Floyd aufgrund des Verdachts, mit einem gefälschten 20-Dollar-Schein gezahlt zu haben, von einem Polizisten brutal zu Boden gedrückt – er verstarb. Da reichte es den Menschen endgültig. Die *Black-Lives-Matter*-Bewegung schlug lautstark Alarm und erfasste die ganze Welt. *Überall* wurde demonstriert und marschiert und es wurden Unterschriften für zig Petitionen gesammelt.

EINE GLOBALE DISKUSSION KOMMT IN GANG

Obwohl die Wurzeln der *Black-Lives-Matter*-Bewegung in den USA liegen, hat sie Menschen in allen möglichen Ländern dazu gebracht, sich endlich ernsthaft mit dem Rassismus in ihrer Gesellschaft auseinanderzusetzen. Immer mehr Leute sprechen über Ungerechtigkeiten und klagen sie an, etwa die Diskriminierung von Schwarzen in der Schule und im Arbeitsleben, die dazu führt, dass ihnen von vornherein viele Chancen verbaut werden. Das Bewusstsein dafür wächst – und genauso die Bewegung selbst.

JERRY LAWSON

MARY SEACOLE

BLM

Doch das Beste an dieser ganzen Diskussion ist, dass sie wirklich etwas bringt. Es geht nämlich nicht nur um die vielen Probleme der Welt, sondern auch um *Lösungen*. So haben sich Unternehmen zu Wort gemeldet, die zukünftig mehr Schwarze einstellen oder sie bei der Firmengründung, bei Schule oder Studium finanziell unterstützen wollen. Und man hört immer öfter, wie wichtig *Verbündete* seien …

AUGEN AUF. MUND AUF. SO HELFEN VERBÜNDETE.

Rassismus und Diskriminierung sind längst nicht verschwunden. Vielleicht hast du selbst schon solche Erfahrungen gemacht. Oder du hast sie beobachtet und dich dabei unwohl gefühlt. Dich möglicherweise gefragt, was du tun sollst. Eines können alle, die von Rassismus betroffen sind, auf jeden Fall gebrauchen: **VERBÜNDETE**. Menschen, die ihnen ehrlich zur Seite stehen.

Verbündete sollten nicht nur auf Demos mitlaufen, Petitionen unterzeichnen und Briefe schreiben. Sondern auch …

- **LESEN:** … darüber, was in der Welt vor sich geht (und aus welchen Gründen), und andere darüber aufklären. Sich informieren, was man selbst tun oder besser machen kann.

- **ZUHÖREN:** … den Menschen, die Ungerechtigkeiten erfahren.

- **NACHFRAGEN:** … bei Freundinnen und Freunden, die womöglich selbst diskriminiert werden. Sich erkundigen, wie es ihnen geht (aber nicht unbedingt eine Antwort erwarten, denn es kann sein, dass ihnen einfach alles zu viel ist. Hauptsache, sie wissen, dass du für sie da bist.)

- **SICH EINSETZEN:** … für andere Menschen. Laut werden, wann immer man Diskriminierung beobachtet.

- **FEIERN:** … was Schwarze alles erreicht haben, auch wenn kaum jemand darüber spricht! So wird Thomas Edison immer wieder als Erfinder der Glühbirne gerühmt – aber wer weiß schon, dass der Kohlefaden, ohne den das Ding nie geleuchtet hätte, auf das Konto des Schwarzen Erfinders **LEWIS LATIMER** ging? Oder dass der Schwarze Ingenieur **JERRY LAWSON** die Spielmodule entwickelt hat, ohne die frühe Videospielkonsolen wie das *Nintendo Entertainment System* (NES) undenkbar gewesen wären? Und beim Stichwort »berühmteste Krankenschwester der Welt« denken viele sofort an Florence Nightingale – und kaum jemand an die nicht minder bedeutende britisch-jamaikanische Krankenschwester **MARY SEACOLE**.

Wir brauchen Heldinnen und Vorbilder aus jeder Ecke. Und tatsächlich gibt es überall welche, die aber meist kaum erwähnt werden. Darum müssen wir ihre Namen herausschreien.

Hier steht eine bestimmte Bewegung im Mittelpunkt: *Black Lives Matter*. Doch wie wir wissen, werden Menschen aus allen möglichen Gründen diskriminiert – aufgrund ihrer Herkunft oder Religion oder einer Behinderung oder weil sie das gleiche Geschlecht lieben oder auf andere Weise nicht in die Rolle passen, die sich die Welt für sie ausgedacht hat. Und das heißt: Alle möglichen Menschen und Gruppen können Verbündete gebrauchen. Da kommst du ins Spiel. Du kannst dich um andere kümmern, für sie da sein und auf ihre Diskriminierung aufmerksam machen. Du kannst dich darüber informieren, was Angehörige dieser Gruppe alles erreicht haben, und es weitererzählen. Bis irgendwann jede und jeder kapiert hat, dass in *allen* Menschen Großartiges steckt!

ABGRÜNDE ÜBERBRÜCKEN UND DAS POSITIVE GAAAAANZ GROSS MACHEN

Die Ungleichheit der Welt ist eine gewaltige Herausforderung. Wenn man sich anschaut, wie verschiedene Menschen leben und behandelt werden und welche Chancen sie jeweils haben, stößt man immer wieder auf

SCHWINDELERREGENDE Abgründe zwischen einzelnen Gruppen. Davon wird zu recht häufig in den Nachrichten berichtet, was einem schnell alle Hoffnung rauben kann. Doch wie gesagt: Es gibt Fortschritte. Die brauchen bloß meist ihre Zeit und kommen nur tröpfchenweise. Man muss schon genau hingucken, um sie überhaupt zu erkennen, aber deshalb sind sie nicht weniger bedeutend. Nur dank der harten Arbeit vieler toller Menschen sind wir überhaupt so weit gekommen – und diese Leute machen immer WEITER UND WEITER. Um noch mehr Verbesserungen für Millionen von Benachteiligten zu erkämpfen.

OB ES NICHT AUCH SCHNELLER GEHT? ICH WILL ES HOFFEN.

Schritt 1 ist aber die Erkenntnis, dass es auch Positives gibt. Viele machen lautstark auf Diskriminierung jeglicher Art aufmerksam und klagen Ungerechtigkeiten an. Und echter Wandel ist immer dann möglich, wenn wir alle zusammen die Stimme erheben. Also was soll uns davon abhalten, wieder einmal die Welt zu verändern?

WAS NOCH ZU TUN IST

- Extreme Armut endgültig abschaffen.
- Dafür sorgen, dass **ALLE** Kinder der Welt zur Schule gehen können.
- Das Gehaltsgefälle zwischen den Geschlechtern vollständig einebnen.
- Oder besser: **SÄMTLICHE** Gehaltsgefälle einebnen – für gleiche Arbeit sollten alle Menschen gleich bezahlt werden.
- Immer wieder auf drängende Probleme aufmerksam machen, ob es um Ungleichheit zwischen den Geschlechtern geht, um Rassismus oder Rechte von LGBTQI und behinderten Menschen.
- **UND WO WIR SCHON BEIM THEMA SIND:** Sicherstellen, dass niemand wegen des Geschlechts, der Hautfarbe, der Herkunft, der sexuellen Orientierung oder gesundheitlicher Probleme diskriminiert wird, oder kurz gesagt: weil man ist, wer man nun mal ist.
- Dafür sorgen, dass die Welt und ihre unfassbaren Möglichkeiten niemandem verschlossen sind.

UND WIE SCHAFFEN WIR DAS?
DAS KANNST *DU* TUN:

LIES DICH SCHLAU: Zunächst muss man wissen, was eigentlich los ist. Nur so kann man Ungerechtigkeiten aufspüren (was jedoch nicht sooo schwierig ist – sie stinken **ZUM HIMMEL**). Beschäftige dich mit der Geschichte, um zu verstehen, warum die Welt so geworden ist, wie sie ist. Und informiere dich, welche Bewegungen in deiner Gegend etwas verbessern wollen.

REDEN, REDEN, REDEN: Verbünde dich mit denen, die von Ungerechtigkeit betroffen sind. Sprich mit anderen über (Un)Gleichheit. Mach ihnen klar, dass manche Menschen einen DEUTLICH schwierigeren Start ins Leben haben und welche Folgen das hat. Und dass manche Menschen einfach anders behandelt werden als andere. Gut möglich, dass das einigen deiner Bekannten nie aufgefallen ist, weil sie zu den Glücklichen gehören, denen so etwas nie passiert und vielleicht auch noch nie begegnet ist. Jede und jeder sollte wissen, wie es da draußen aussieht. Denn wenn man keine Ahnung hat, tut man auch nichts.

MACH DEN MUND AUF: Wenn du mitbekommst, wie jemand schlecht behandelt wird, schau nicht zu, sondern sage klar und deutlich, warum das nicht okay ist. Geh auf Demos zu Themen, die dir am Herzen liegen. Und dann noch das Übliche: Schreib an Unternehmen und Politikerinnen und Politiker, die deiner Meinung nach mehr Einsatz zeigen könnten.

WERDE AKTIV: Heute kannst du vielleicht einfach für jemanden da sein. Oder für einen wichtigen Zweck spenden, was du übrig hast (falls du etwas übrig hast), oder Spenden sammeln. Eines Tages wirst du vielleicht einen Haufen Geld investieren können, um gegen die Ungerechtigkeit der Welt vorzugehen. Oder eine Firma gründen, die denen eine Chance, also einen Job gibt, die nicht so leicht einen kriegen. Oder bei Projekten mitarbeiten, die dabei helfen, der Armut zu entkommen, die Kindern Schulbildung ermöglichen oder faire Behandlung für alle sicherstellen. Wäre das nicht cool? Nein, es wäre **EXTREM COOL**.

KAPITEL 6

GUTE KUNST

VON BALLETT BIS BOLLYWOOD, VON VIRTUELLEN GALERIEN BIS ZU MUTMACH-KRITZELEIEN

Kunst und Kultur! Okay, für dieses Thema habe ich eine gewisse Schwäche. Schließlich bin ich selbst Schriftstellerin und damit Künstlerin. Das ist mein Revier. Nun hast du vielleicht schon mal jemanden sagen gehört: Kunst und Kultur gehen vor die Hunde. Ich habe ehrlich gesagt keine Ahnung, wie diese Redewendung genau gemeint ist. Ich mag Hunde – oder bin ich jetzt der Hund, weil das mein »Revier« ist? Aber egal. Es soll jedenfalls bedeuten, dass es mit Kunst und Kultur steil bergab geht.

> ## NA, WENN IHR MEINT …
> ## WENN IHR MICH FRAGT, SIEHT ES NICHT DANACH AUS.

In Kunst und Kultur geht es aufregender und vielfältiger zu als je zuvor – und jede und jeder kann mitmachen! Außerdem waren Kunst und Kultur nie so bedeutend. Wobei sie schon immer wichtig waren. Seit die Urmenschen erkannten, dass man mit Rötel und Kohle Bilder malen kann. Seit man in den ersten Sprachen erste *Geschichten* erzählen konnte.

> ## WAHRE GESCHICHTEN: »HEY, HINTER DIR! EIN SÄBELZAHNTIGER!«

> ## UND AUSGEDACHTE: »LETZTE NACHT HATTE ICH EINEN TRAUM, DA …«

Seitdem machten wir Musik, sangen, forschten nach Schätzen (zuge-geben, manchmal haben wir uns eher gegenseitig beklaut). Je weiter sich unsere Gesellschaft entwickelte, desto aufwendigere Geschichten, Rituale, Glaubenssysteme erdachten wir. Wenn wir auf Reisen gingen, nahmen wir manches davon mit und teilten es mit allen, denen wir unter-wegs begegneten. Und klar, es gab auch die zweite Variante: Wenn eine Gruppe das Land der anderen eroberte, übernahm sie so einiges von der anderen Kultur. Manche Kunstrichtungen entstanden in besonders schwie-rigen Zeiten – als Versuch, einen Sinn im Leben zu erkennen, gegen das Vergessen zu kämpfen oder Hoffnung zu spenden. Heutzutage ist die ganze Welt so eng vernetzt, dass uns all das offensteht. Wir können die *gesamte Kunst von früher und heute* genießen und daraus lernen.

UND DAS IST MEHR, ALS IN EIN EINZIGES GEHIRN PASST.

Nicht dass Kunst und Kultur eine heile Welt wären. Sie werden oft als abgehoben und arrogant bezeichnet, dabei sollten sie doch für alle da sein. Außerdem ist es keine Kleinigkeit, genügend *Geld* für den ganzen Betrieb aufzutreiben, denn wenn es ans Zahlen geht, sind manche anderen Sachen dann doch noch wichtiger. Was man durchaus verstehen kann. Bei aller Liebe zur Kunst – Länder mit großen Problemen bei Umwelt, Gesundheit, Bildung und Gerechtigkeit sollten ihr Geld wirklich besser in diese Bereiche pumpen.

Gerade während der Corona-Pandemie hatten es viele Künstlerinnen und Künstler und Veranstaltungsorte nicht leicht. Überall sind weniger Leute ausgegangen und haben entsprechend weniger Geld für Kunst und Kultur ausgegeben. Es wird dauern, bis sich alle Beteiligten davon erholt haben. Künstlerinnen und Künstler haben generell und auch in guten Zeiten häufig zu kämpfen. Sicher, den Stars wie Will Smith, Selena Gomez und Jeff Kinney (der Autor von »Gregs Tagebuch«!) geht es gut. Aber neben den großen Namen gibt es auch Millionen kleine, die vielleicht erst vor Kurzem losgelegt haben und sich mehr schlecht als recht durchschlagen. Und zwar in jeder Sparte: Schauspiel, Tanz, Musik, Schriftstellerei ... Eitel Sonnenschein ist anders.

DOCH ... wir befinden uns in Kapitel 6 dieses Buchs, also weißt du inzwischen, wie es läuft.

Wir konzentrieren uns hier auf das, was **HOFFNUNG** macht.

Tatsache ist: **KUNST UND KULTUR HABEN IMMER ÜBERLEBT.**

Eben habe ich festgestellt, dass für Kunst weniger Geld ausgegeben wird als für anderes und dass Künstlerinnen und Künstler deshalb nicht unbedingt *die ganz große Kohle* machen. Stimmt alles. Aber warum tut man sich das dann überhaupt noch an? Und warum hat die Kunst sogar schlimmste Angriffe weggesteckt? Während der Nazizeit wurden in Deutschland Bücher verbrannt und manche Kunstformen verboten.

Doch die Kunst selbst hat überlebt. Sie wurde von mutigen Menschen am Leben *gehalten* – im Geheimen. Ja, sie hat sogar KRIEGE überstanden. Wie kann das sein? Was denkst du? Ich würde sagen: Künstlerisch tätig zu sein, ist zutiefst menschlich. Kunst ist wichtig – für uns alle. Schon Urmenschen haben Bilder (an Höhlenwände) gemalt und Geschichten erzählt. Wir können gar nicht anders. Oder kannst du dir eine Welt ohne Geschichten oder Musik oder Tanz oder Gemälde vorstellen? Ich nicht. Eigentlich logisch, dass die Kunst immer überlebt. Wir BRAUCHEN sie.

Und wenn man sich so umschaut, hat die Kunst nicht nur überlebt. In etlichen Bereichen BOOMT sie geradezu.

DIE AUSWAHL IST GRÖSSER ALS JE ZUVOR

FILM BOOMT: Und ich meine nicht nur Hollywood, sondern auch die chinesische Filmindustrie oder das indische Bollywood. Oder *Nollywood* – das liegt in Nigeria und produziert jährlich mehr als 1000 Filme! Für Film und Fernsehen wird mehr Zeit und Geld aufgewendet denn je – insbesondere, seit jede Menge online gestreamt wird.

MUSIK BOOMT: Weltweit gesehen wird jedes Jahr mehr Musik veröffentlicht als je zuvor. Tatsächlich SIEBEN MAL SO VIEL wie in den 1960er Jahren. Und dann erst diese Vielfalt! Es gibt buchstäblich ALLES zu hören.

GAMING BOOMT: Die globale Spieleindustrie ist größer als Musik und Film zusammen! Etwa ein Drittel der Weltbevölkerung *zockt* auf irgendeine Weise, also längst nicht nur junge Nerds. Hast du schon von der Japanerin Hamako Mori gehört? Die sogenannte *Gamer Grandma* wurde 1930 geboren und spielte 1981 ihr erstes Videospiel. Seitdem war sie süchtig – und jetzt, mit über 90, hat sie es zu einer respektablen YouTube-Karriere gebracht. Hunderttausende haben ihren Gaming-Kanal abonniert.

BÜCHER BOOMEN: Es ist **KAUM ZU FASSEN,** was es heutzutage alles zu schmökern gibt. Ob Comics, Graphic Novels, Gedichtbände, Romane, Sachbücher … Es ist für jede und jeden etwas dabei. Und wenn man will, kann man auch zu E-Books und Hörbüchern greifen. So können auch die lesen (ja, das zählt ALLES als *Lesen*!), die sich damit nicht so leicht tun oder schlicht keinen Platz für »richtige« Bücher haben.

Manche Sparten der Unterhaltungsindustrie wurden von der Corona-Pandemie schwer erwischt, zum Beispiel die Kino- und Konzertbranche. Aber alle, die Ahnung haben, prophezeien: Diese Branchen werden wieder durchstarten, weil Menschen Filme und Livemusik lieben. Weil wir ohne *nicht auskommen.*

EIN *WÖRTCHEN* ZUM THEMA PIRATERIE … Wie du vielleicht weißt, kann man sich etliche Filme, Spiele, Songs und so weiter umsonst im Internet besorgen. Ist doch toll, oder? Das Problem dabei: Dieses »Gratiszeug« muss erst einmal von jemandem produziert werden, und wenn du es (übrigens illegal …) herunterlädst, geht dieser Jemand leer aus. Ist das fair? Also lass das Piratendasein lieber bleiben. Es hört sich viel cooler an, als es ist.

KUNST UND KULTUR WAREN NIE SO ZUGÄNGLICH

Früher (eigentlich auch heute noch) hatten Kunst und Kultur das Image, nur für die oberen Zehntausend da zu sein. Wie sich das schon anhört – **»KUNST«** und **»KULTUR«!** Schwingt da nicht die Aussage mit: Wir sind was Besseres? Woran denkst du, wenn du diese Worte hörst? An vornehme Ballettabende, Klassikkonzerte und Theatervorstellungen? An sündhaft teure Gemälde in einschüchternden Museen?

Ja, in früheren Zeiten war vieles davon wirklich nur für Leute mit prall gefülltem Geldbeutel zu sehen und zu hören. Es war eine eigene Welt, in die vielleicht auch nur eine bestimmte Art von Mensch gepasst hat. Doch das WAR EINMAL.

> **HEUTZUTAGE KANN MAN SICH UNMENGEN VON KUNST ANSEHEN UND -HÖREN, OHNE AUCH NUR VOM SOFA AUFZUSTEHEN!**

Auf *Google Arts & Culture* kann man durch Museen, Galerien und kulturelle Zentren in aller Welt streifen. Unzählige Dokumentationen über ferne Länder und Geschichte sowie etliche Konzerte, Theaterstücke und Comedy-Shows werden über Fernsehen und Internet direkt ins Wohnzimmer gebeamt.

Tatsächlich war einiges schon immer spottbillig oder sogar GRATIS. In etlichen Ländern muss man für den Eintritt zu Museen und Galerien nichts oder nur sehr wenig zahlen und Büchereien sind häufig komplett kostenlos. Das passt mancherorts ein paar Leuten nicht in den Kram (etwa in Großbritannien, wo gerade die Gratis-Büchereien unter Beschuss stehen). Aber stell dir nur vor, wie es wäre, wenn all das bloß Menschen mit dem entsprechenden Kontostand offenstehen würde! Wie sich die Ungleichheit verschärfen würde, wenn nicht mehr jede und jeder die Möglichkeit hätte, sich über die Welt schlauzumachen.

KUNST FÜR ALLE

Vielerorts setzt man sich dafür ein, Barrieren für Menschen mit Behinderung abzubauen. Der Gedanke dahinter: Menschen werden nicht von körperlichen Einschränkungen behindert, sondern von einer *Gesellschaft*, die keine Rücksicht darauf nimmt. Und daran können wir alle etwas ändern. So bemühen sich viele Veranstaltungsorte, Museen und so weiter darum, Menschen mit Behinderung genauso willkommen zu heißen wie alle anderen und ihnen eine ebenso schöne Zeit zu bereiten. Auch weil manche Einschränkungen von außen nicht zu erkennen, ja praktisch unsichtbar sind. Man kann in niemanden hineinschauen und weiß deshalb auch nicht, was sie oder er womöglich für Schwierigkeiten hat. Die Lösung liegt auf der Hand: Die Welt so zu gestalten, dass sich jede und jeder darin wohlfühlt!

Dem Behindertenrechtler Dr. Victor Pineda zufolge sollten wir uns immer wieder fragen: »Hey, wie kann ich diesen Ort zugänglicher machen? Wie können wir ihn einladender gestalten?« In Kunst und Kultur ist da noch viel Luft nach oben: Filme können durch Untertitel und Gebärdensprache ergänzt und Museen mit Audioguides und Führern in Blindenschrift ausgestattet werden. Und in alle möglichen Gebäude sollten mehr barrierefreie Toiletten und Aufzüge eingebaut werden. Überhaupt: Das Wichtigste ist doch, dass jeder Mensch zur Tür hineinkommt! Darüber hinaus sollten sich Ausstellungsstücke nicht so weit oben befinden, dass manche sie gar nicht sehen können. Und für die, die darauf angewiesen sind, sollten Ruheräume oder gesonderte Öffnungszeiten mit wenigen Besuchern angeboten werden. All das wird immer öfter umgesetzt – und hoffentlich wird es eines Tages überall ganz normal sein.

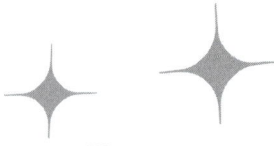

»ALLES UND JEDES MUSS FÜR JEDEN EINZELNEN MENSCHEN MIT BEHINDERUNG ZUGÄNGLICH WERDEN.«

STEVIE WONDER, Musiker, Songwriter, Bürgerrechtler

KUNST ZUM ANFASSEN

Seit einiger Zeit beschäftigen sich manche Künstlerinnen und Künstler, Unternehmen und Hilfsvereine mit haptischer Kunst und haptischen Bildbänden. Soll heißen: Man kann sie durch den Tastsinn erleben. Die Erfindung der Blindenschrift hat Menschen mit eingeschränkter Sehkraft die Welt der Bücher erschlossen – haptische Kunst erschließt ihnen die Welt der Bilder und Gemälde. Wie war das noch mal im ersten Kapitel? Wenn Kreativität auf Menschlichkeit und Einfühlung trifft, kommen wir auf die tollsten und schönsten Ideen.

GUTE NACHRICHT KOMPAKT!

Ein ungarisches Orchester macht es möglich, dass auch Taube und Schwerhörige Freude an Beethovens Kompositionen haben – indem sie Instrumente berühren, die Schwingungen der Musik über Ballons erspüren oder spezielle Hörgeräte nutzen.

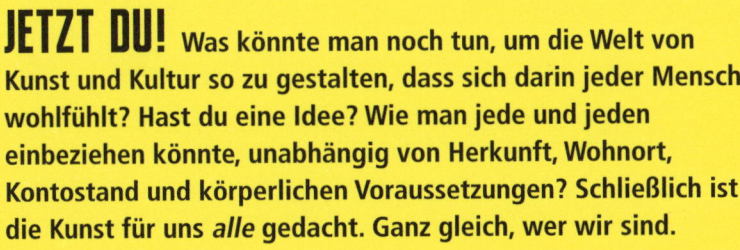

JETZT DU! Was könnte man noch tun, um die Welt von Kunst und Kultur so zu gestalten, dass sich darin jeder Mensch wohlfühlt? Hast du eine Idee? Wie man jede und jeden einbeziehen könnte, unabhängig von Herkunft, Wohnort, Kontostand und körperlichen Voraussetzungen? Schließlich ist die Kunst für uns *alle* gedacht. Ganz gleich, wer wir sind.

DIE WELT DER KUNST IST *OFFENER* ALS JE ZUVOR

In der Kunst geht es nicht mehr nur um die oberen Zehntausend. Kunst ist mehr als hochtrabende Poesie und Malerei. Sie ist auch *Spoken-Word-*Dichtung und Rap – oh doch, das ist sehr wohl KUNST. Ebenso wie schlaue Versromane von Jason Reynolds und Margarita Engle. Oder Graffiti von Banksy und KAWS. Wer hätte gedacht, dass Straßenkunst mal für Millionen Dollar versteigert würde?

Aber langsam! Dummerweise kann es sich nicht jeder Mensch LEISTEN, künstlerisch tätig zu sein. Wie gesagt, die meisten Künstlerinnen und Künstler werden für ihre Arbeit, und wenn sie noch so fantastisch ist, nur sehr mäßig bezahlt. Viele warten ewig auf ihren Durchbruch und rackern sich unterdessen für Kleingeld ab. Deswegen sind *teils* eher wohlhabende Leute in der Kunst unterwegs. Klar, die haben genug auf der hohen Kante, um sich zu verwirklichen. Dabei sollte natürlich jeder talentierte Mensch die Kunst erschaffen können, die ihr oder ihm vorschwebt – ohne Hindernisse wie fehlendes Geld! Genau deswegen gibt es Organisationen wie das englische *Arts Council* oder das *National Endowment for the Arts* in den USA. Die unterstützen Künstlerinnen und Künstler mit Geldsorgen und helfen ihnen so über diesen Stolperstein hinweg.

Manche Galerien haben sich vorgenommen, dem Publikum gerade Künstlerinnen und Künstler nahezubringen, die es ansonsten kaum kennenlernen würde. So hat das New Yorker *Museum of Modern Art* (MoMa) seine Klassiker wie Picasso und Van Gogh, die selbstverständlich viele Leute anlocken, bewusst mit Werken von Frauen und Schwarzen, asiatisch- und lateinamerikanischen Künstlerinnen und Künstlern vermischt.

Noch zwei Beispiele für die neue Offenheit der Kunst: Du schaust dich nach Tanzunterricht um. Zweifellos stößt du auf klassische Ballettstunden – aber auch auf Bollywood, Bhangra, Hip-Hop, Salsa … Oder du hörst gerne Musik – dann kannst du dir heutzutage Sachen AUS ALLER WELT reinziehen, von Reggae aus Jamaika und Latino-Klängen über Rock bis zu arabischer Musik und K-Pop.

Genauso können wir Geschichten aus allen Ecken der Welt lesen. Auch die Mode wird aus Tausenden Richtungen beeinflusst. Und zu essen gibt es eine ungeheure Vielfalt – entweder im Restaurant (oder am Foodtruck, im Café …) oder man schwingt mithilfe von Kochbüchern, Fernseh-Koch-shows oder YouTube-Rezepten selbst den Kochlöffel.

Mit das **GROSSARTIGSTE** an dieser Offenheit ist, dass die Welt dadurch ein Stück näher zusammenrückt. Je mehr wir über andere Kulturen erfahren, desto besser wissen wir sie zu schätzen, und das Leben wird gleich eine ganze Ecke interessanter.

KUNST SPENDET HOFFNUNG

Wenn du Stress hast oder wenn dich irgendetwas runterzieht, lass dich doch von einem tollen Song, einem Buch oder einem Film in eine andere Welt entführen. Oder tut dir etwas anderes gut? Bei manchen ist es Tanzen, bei anderen Zeichnen, Malen oder Ausmalen. Für jede und jeden ist es etwas anderes, aber Kunst kann trösten und aufmuntern. So wie Wandmalereien in Flüchtlingslagern oder beruhigende Fotografien in Krankenhäusern. Sogar MRT-Scanner und die dazugehörigen Unter-suchungszimmer werden mit faszinierenden Bildern verziert, damit kleine Kinder, deren Gehirn durchleuchtet werden muss, *gaaanz* stillhalten.

KUNSTTHERAPIE

Schon mal gehört? Würde mich nicht wundern, Kunsttherapie wird nämlich immer beliebter. Es bedeutet, dass speziell ausgebildete Thera-peutinnen und Therapeuten Menschen dabei unterstützen, in einem geschützten Rahmen ihre Gefühle auszudrücken und so ihren Problemen auf die Spur zu kommen – über kreative Tätigkeiten wie Kritzeln, Malen, Ausmalen, Modellieren, Tanzen und Musizieren! Das mag nicht für alle Menschen etwas sein. Aber kluge Köpfe forschen daran, wie künst-lerische Betätigung dabei helfen kann, Stress zu reduzieren, schwierige Gefühle anzunehmen und mit ihnen umzugehen. Das kann der Seele am Ende nur guttun.

> **»ICH KANN NUR SAGEN:
> ICH MALE, WEIL ICH MUSS.«**
>
> **FRIDA KAHLO**, mexikanische Künstlerin

Im Jahr 2019 begann die zehnjährige Chelsea Phaire, Mal- und Bastelsachen zusammenzutragen und als Kunstsets an Kinder in Krankenhäusern, Pflegeheimen oder Obdachlosenheimen zu schicken. Inzwischen hat Chelsea's Charity sagenhafte 2500 Sets auf den Weg gebracht.

Kunst bringt Menschen zusammen. Stell dir nur vor, wie ein Haufen Leute in aller Welt im gleichen Rhythmus wippt, das gleiche Lied singt, dabei das Gleiche empfindet … Oder sich über einen Film oder eine Serie und diese eine Szene unterhält, die **EINFACH NUR HAMMER** war.

Ja, über Kunst kommen Menschen ins Gespräch.

Und sie bringt wichtige *Themen* ins Gespräch.

KUNST GEGEN SOZIALE UNGERECHTIGKEIT

Die Kunst ist immer ein Spiegel der Zeit, in der sie erschaffen wird. Sie zeigt uns, wie die Welt gerade tickt. So gesehen, schreibt sie stets Geschichte. Manche Werke sollen jedoch bewusst zum Nachdenken anregen oder wichtige Themen ins Blickfeld rücken – etwa die der libanesisch-amerikanischen Künstlerin Helen Zughaib, die sich mit Protesten und Bürgerkriegen im Nahen Osten befasst. Oder auch das **GIGANTISCHE**

Wandgemälde, das der Brasilianer Eduardo Kobra für die Olympischen Spiele in Rio de Janeiro 2016 geschaffen hat. Es heißt »Etnias« (also »Ethnien«, was in etwa so viel bedeutet wie »Völker«), ist *drei Giraffen hoch* und vereint fünf indigene Gruppen aus fünf Kontinenten (passend zu den fünf olympischen Ringen). Mit diesem Werk, sagte Kobra, wolle er »die Einheit der Menschheit zeigen, also dass wir alle miteinander verbunden sind«.

Auch Musik kann zum Aktivismus werden. In etlichen Songs werden Obdachlosigkeit, Armut, Rassismus, Krankheit und Krieg angeprangert. Genauso in Büchern, Theaterstücken und Filmen, ja sogar im Tanz. Deshalb wurde im Lauf der Geschichte immer wieder versucht, der Kunst Fesseln anzulegen – wenn es den Mächtigen nicht gepasst hat, was sie über die Welt zu sagen hatte. Doch die Kunst ist nicht kleinzukriegen. Und heutzutage, wo wir durch die Welt reisen und im Internet surfen können, kann sie noch viel mehr Menschen erreichen als früher, und das *turboschnell*.

JETZT DU! Wenn dir ein bestimmtes Thema wichtig ist, kannst du deine Gedanken darüber KÜNSTLERISCH AUSDRÜCKEN? Mit einem Bild, einem Gedicht oder Lied oder vielleicht einer Tonskulptur? So könntest du darauf aufmerksam machen – oder einfach nur zeigen, was dir auf dem Herzen liegt.

> **»WENN SIE MICH ALS KÜNSTLER FRAGEN, WAS ICH IN DIESER WELT ZU TUN HABE, WERDE ICH ANTWORTEN: ICH BIN HIER, UM LAUT ZU LEBEN.«**
>
> **ÉMILE ZOLA**, Schriftsteller und politischer Aktivist

HEUTZUTAGE KANN JEDE UND JEDER KUNST ERSCHAFFEN

YouTube und Social Media haben die Welt der Kunst AUF DEN KOPF GESTELLT. Im Internet können wir alle singen, tanzen, kochen und malen lernen, genauso Instrumente, Fremdsprachen, Design und was man sich noch so vorstellen kann – und jede Kleinstadtberühmtheit darf auf der ganz großen Bühne glänzen. Es war nie so leicht, eine Karriere als Dichterin, Sänger, Tänzerin, Schauspieler, Köchin oder Illustrator zu starten. Wobei es nicht unbedingt darauf ankommt, zum Star zu werden. Es geht vielmehr darum, sich gut zu fühlen, indem man sich durch Kunst ausdrückt, sich dadurch vielleicht selbst besser kennenlernt und nicht zuletzt mit anderen in Kontakt kommt.

Gemeinsam haben wir Menschen die Kunst verändert. Kunst ist mehr als elitäres Zeug. Alle möglichen Leute aus aller Welt erschaffen alle möglichen Werke – wenn das nicht aufregend ist? Okay, Geld ist immer noch zu wenig da. Dieses Problem hatte die Kunst schon immer, das ist nichts Neues. Doch sie hat stets überlebt, weil sie so wichtig ist. Und sie wird weiter überleben, dafür werden wir garantiert sorgen.

WAS NOCH ZU TUN IST

- Mehr Geld für die Kunst und eine bessere Förderung angehender Künstlerinnen und Künstler. Weil Talent nicht am Finanziellen scheitern darf – bei niemandem.

- Handfeste Maßnahmen, die Welt der Kunst jedem Menschen zugänglich zu machen. Auch denen mit Behinderung.
- Ein größeres Bewusstsein für die Bedeutung von Kunst und Kultur. Sie sind so viel mehr als Spielerei!
- Mehr Anerkennung für die vielfältige Rolle von Kunst und Kultur: Ungerechtigkeit anprangern, aufheitern, trösten, Hoffnung spenden ... und uns allen ermöglichen, uns im geschützten Rahmen frei auszudrücken.

UND WIE SCHAFFEN WIR DAS? DAS KANNST *DU* TUN:

LIES DICH SCHLAU: Geh in die nächste Bücherei und vertiefe dich in verschiedenste künstlerische Bewegungen. Vielleicht entdeckst du Künstlerinnen und Künstler, von denen du keine Ahnung hattest. Und möglicherweise hast du Lust, ihre Arbeitstechnik selbst auszuprobieren – also Scherenschnitte zu basteln wie Henri Matisse oder mit den Fingern zu malen wie Georges-Pierre Seurat. Sei neugierig, lass dich inspirieren, erweitere deinen Horizont und lies immer, immer weiter. Dieses Buch zu lesen ist schon mal nicht der schlechteste Anfang!

REDEN, REDEN, REDEN: Du hast gehört, dass ein Veranstaltungsort dichtmachen muss? Oder dass bestimmte Künstlerinnen und Künstler Geldsorgen haben, zum Beispiel weil ein Förderprogramm beendet wurde? Dann hilf ihnen, die Alarmglocken zu läuten! Ohne unsere liebevolle Unterstützung der »Kleinen« wird es irgendwann womöglich nur noch ein paar wenige große Namen geben. Wäre das nicht schade? Doch wenn du allen erzählst, was auf dem Spiel steht, werden bestimmt viele mithelfen.

MACH DEN MUND AUF: Du hast eine Idee, wie man die Welt der Kunst einladender gestalten könnte? Dann lass hören! Zum Beispiel, falls dir bei einem Museumsbesuch lauter Treppenstufen auffallen, die für manche unüberwindbar sind, oder stressig-überfüllte Räume oder winzig klein geschriebene Texttafeln, die Menschen mit Sehschwäche nie entziffern können – sag der Museumsleitung Bescheid! Genauso, wenn ein Veranstaltungsort oder Club offener sein könnte. Wird immer nur der gleiche Typ Künstler präsentiert? Kommen andere Richtungen und Kulturen nie zum Zug? Und kannst du irgendwie auf das Problem hinweisen?

WERDE AKTIV: Mach dich für weniger bekannte Kunstschaffende, Kreative, Galerien und Veranstaltungsorte stark – die können wirklich JEDE Unterstützung gebrauchen! Wenn möglich, hilf ihnen, Geld aufzutreiben. Und falls du die Arbeit von jemandem toll findest, lass es sie oder ihn wissen (das kann SEHR guttun – glaub mir!). Erzähl auch anderen von deinen Lieblingen, um sie bekannt zu machen und ihnen mehr Kundschaft zu verschaffen. Und sonst? Geh in Galerien und Museen, kauf Bücher, schau dir Theaterstücke an, schreib schwärmerische Online-Kritiken … das bringt alles etwas! Eines Tages wirst du der Kunst vielleicht mit dicken Spenden unter die Arme greifen können. Oder einen Ausstellungsort oder einen Club leiten (der bestimmt so einladend und barrierefrei wäre, wie es nur geht). Oder du wirst SELBST Künstlerin oder Künstler – sofern du es nicht schon bist. Und ich würde nicht ausschließen, dass du irgendwann mit deiner Kunst die Welt verändern wirst.

UND WEITER?

UFF.

Wenn das kein wilder Ritt durch die Weltgeschichte war!

Aber erst mal: Wie geht's dir jetzt?

Hoffentlich verspürst du so etwas wie **HOFFNUNG**.

Die Nachrichten platzen geradezu vor schwierigen und schlimmen Themen – kein Wunder, wenn man irgendwann nur noch schwarzsieht. Doch
jetzt weißt du, woran das liegt: Schlechte Nachrichten sind spannend. Sie
fesseln uns. Sie verkaufen sich gut. Und es gibt ein weiteres Problem: Wir
müssen uns noch dazu mit **FALSCHNACHRICHTEN** herumschlagen. Die
sind überall und sausen im Nullkommanichts einmal rund um den Globus.
Aber nun kannst du ihnen auf die Schliche kommen. Du hast einen Werk-
zeugkoffer voller scharfsinniger Fragen im Gepäck. Und du kannst dich
auf dein Bauchgefühl verlassen.

Außerdem kannst du Falschnachrichten mit Tatsachen kontern und im Fall
der Fälle noch mehr gesicherte Fakten auftreiben. Eine Tatsache lautet: Ja,
auf unserem geliebten Planeten stehen einige Reparaturarbeiten an, doch
wir haben schon große Fortschritte gemacht. Die sind im Wirbelsturm der
schlechten Nachrichten zwar leicht zu übersehen, aber du behältst trotzdem den Durchblick. Denn dir ist klar geworden, wie viele gute Menschen
auf dieser Welt unterwegs sind, die lauter gute Dinge auf die Beine stellen
und für haufenweise **GUTE NACHRICHTEN** sorgen.

Für gute Nachrichten über …

… **MENSCHEN:** Tief drinnen sind wir wirklich nicht verkehrt. Wir können
uns in andere einfühlen, selbst wenn wir kaum etwas mit ihnen gemeinsam haben. Tragische Vorfälle bringen unsere besten Seiten zum Vorschein. Wir wissen unsere Kreativität zu nutzen. Und wir wollen es besser
machen.

149

… POLITIK: Der Siegeszug des Aktivismus verändert die Welt. Lange Kämpfe für ein allgemeines Wahlrecht haben vielerorts zum Erfolg geführt. Immer mehr Frauen und Angehörige von Minderheiten übernehmen Führungspositionen. Und allen Problemen und Streitigkeiten zum Trotz tun sich immer wieder verschiedene Länder zusammen, um gemeinsam Großes zu erreichen – auf der Erde wie im Weltall!

… UNSEREN PLANETEN: Wir haben kapiert, wo die zentralen Probleme liegen und wie man sie lösen kann **(ZUM GLÜCK!)**. Wir gehen unsere großen CO_2-Baustellen an. Wir bemühen uns zumindest, stärker auf indigene Völker zu hören, denn die wissen, wie man im Einklang mit der Natur lebt. Wir gewinnen sauberen Strom aus Sonne und Wind, immer mehr und immer günstigeren. Wir pflanzen Bäume, wir nutzen zunehmend elektrische Autos, nehmen häufiger das Rad oder gehen gleich zu Fuß. Wir **ENTSCHMUTZEN** und **BEGRÜNEN** die Welt.

… GESUNDHEIT: Überall haben mehr Menschen denn je Zugang zu sauberem Wasser und sanitären Anlagen (wer hätte gedacht, dass Toiletten so wichtig sind?). Wir nehmen es mit allen möglichen Krankheiten auf, knacken den menschlichen DNA-Code und erweitern die Möglichkeiten der Medizin durch Hightech – vom 3D-Druck bis zur virtuellen Realität.

… GESELLSCHAFT: Wir bekämpfen die globale Armut – durchaus mit Erfolg. Mehr Menschen als je zuvor gehen zur Schule, vor allem Mädchen. Bei den Rechten von Frauen und LGBTQI sieht es deutlich besser aus als früher. Und sie sind zu einem zentralen Thema geworden. Genau wie der Rassismus. Die Dinge sind in Bewegung. Es tut sich was.

… KUNST UND KULTUR: Die Vielfalt ist *überwältigend*. Es gibt so viele Bücher, Filme, Serien, Theaterstücke, Tanz-Performances, Comedy-Shows, so viel Musik – wo soll man da nur anfangen!? Über Internet, Fernsehen und Smartphones können sich viele von uns all das vom Sofa aus reinziehen, im Schlafanzug und mit Lieblingssnack auf dem Schoß.

Ja, auch das schicke Hochkulturzeug. Die Welt der Unterhaltung öffnet sich mehr und mehr für die gesamte echte Welt – es gibt Filme, Musik, ja sogar Essen aus allen Ländern. Und auf Plattformen wie YouTube können wir *alle* Neues lernen. Können wir alle dichten, singen, tanzen, schauspielern lernen und so Neues *erschaffen*.

Etliche Menschen legen sich ins Zeug, um die Welt ein bisschen besser zu machen. Wir müssen uns aktiv nach ihnen umschauen und allen von ihnen erzählen, damit sie endlich das verdiente Rampenlicht abbekommen. Und auf diese Weise andere ermutigen, es ihnen gleichzutun.

Noch mal zum Mitschreiben: Ich behaupte nicht, dass es auf der Welt keine Probleme gäbe. Im Gegenteil, wir müssen den Planeten dringend ordentlich aufmischen! Aber wir *können* das auch hinkriegen. Selbst wenn wir nur klein anfangen. Wir müssen einfach jede Chance nutzen, etwas zu verbessern – dann sind in der Zukunft hoffentlich auch größere und **MUTIGERE** Schritte drin.

Soll heißen …

DIE WELT IST GAR NICHT SO SCHLECHT.

DIE MENSCHEN AUCH NICHT.

ES GIBT HOFFNUNG.

MAN MUSS NUR WISSEN, WO SIE SICH VERSTECKT.

Immer noch nicht zu 100 Prozent überzeugt? Wenn du mir nicht glaubst, dann vielleicht dem amerikanischen Schauspieler, Regisseur und Aktivisten Christopher Reeve. Der wurde in den 1970er und 1980er Jahren in der Rolle des Superman berühmt, stürzte 1995 aber bei einem Reitturnier vom Pferd, brach sich zwei Nackenwirbel und ist seitdem vom Hals abwärts gelähmt. Von da an setzte er sich stark für Menschen mit Behinderung ein, machte den Leuten klar, in welcher Lage er und so viele andere sich befanden. Und er wurde zum großen Unterstützer einer Stiftung, welche die Erforschung von Rückenmarksverletzungen förderte und Durchbrüche in deren Behandlung ermöglichte. Er sagte:

»HABEN WIR UNS ERST EINMAL FÜR DIE HOFFNUNG ENTSCHIEDEN, IST ALLES MÖGLICH.«

CHRISTOPHER REEVE, amerikanischer Schauspieler, Regisseur und Aktivist

ZENTRALE QUELLEN

Eine unserer Erkenntnisse war, wie wichtig seriöse und verlässliche Quellen sind. Für dieses Buch habe ich eine ganze Reihe davon genutzt (wie dir vielleicht aufgefallen ist, quellen seine Seiten förmlich über vor Fakten!). Darunter waren die Vereinten Nationen, die Weltbank, die Weltgesundheitsorganisation, das Portal *Statista* und die Internetseite *Our World in Data*. Überall dort werden professionell Daten ausgewertet, um in Erfahrung zu bringen, wie es auf unserem Planeten tatsächlich aussieht. Hier findest du eine kleine Auswahl der Quellen, die mir weitergeholfen haben. Wer weiß, vielleicht wirst du sie eines Tages selbst gut gebrauchen können:

Beltekian, Diana und Ortiz-Ospina, Esteban: »Extreme poverty is falling: How is poverty changing for higher poverty lines?« Our World in Data, 5. März 2018. https://ourworldindata.org/poverty-at-higher-poverty-lines, Stand vom 12. Januar 2021.

Roser, Max: »Democracy – Number of Democracies.« Our World in Data. [Juni 2019] https://ourworldindata.org/democracy#number-of-democracies, Stand vom 12. Januar 2021.

Schaeffer, Katherine: »Key facts about women's suffrage around the world, a century after U.S. ratified 19th Amendment.« Pew Research Center. 5. Oktober 2020. https://www.pewresearch.org/fact-tank/2020/10/05/key-facts-about-womens-suffrage-around-the-world-a-century-after-u-s-ratified-19th-amendment/, Stand vom 12. Januar 2021.

Tiseo, Ian: »Greenhouse gas emissions worldwide – Statistics and Facts.«
Statista, September 2020. https://www.statista.com/topics/5770/global-
greenhouse-gas-emissions/, Stand vom 12. Januar 2021.

UNICEF: »Education: Every child has the right to learn.« https://www.unicef.
org/education, Stand vom 12. Januar 2021.

Vereinte Nationen: Millenniums-Entwicklungsziele. https://www.un.org/
millenniumgoals/, Stand vom 12. Januar 2021.

Vereinte Nationen: Ziele für nachhaltige Entwicklung. https://www.un.org/
sustainabledevelopment/sustainable-development-goals/, Stand vom
12. Januar 2021.

Vereinte Nationen: »The Climate Crisis – A Race We Can Win.« https://www.
un.org/en/un75/climate-crisis-race-we-can-win, Stand vom 12. Januar 2021.

Vereinte Nationen: »World is closer than ever to seeing polio disappear for
good.« UN News, 24. Oktober 2019. https://news.un.org/en/story/
2019/10/1049941, Stand vom 12. Januar 2021.

Weltbank: Weltbevölkerung. https://data.worldbank.org/indicator/SP.POP.
TOTL, Stand vom 12. Januar 2021.

Weltgesundheitsorganisation und UNICEF: »Progress on household drinking
water, sanitation and hygiene 2000-2017: Special focus on inequalities.«
Gemeinsamer Bericht von Weltgesundheitsorganisation und UNICEF, 2019.
https://washdata.org/sites/default/files/documents/reports/2019-07/jmp-
2019-wash-households.pdf, Stand vom 12. Januar 2021.

ZITATE (REIHENFOLGE WIE IM TEXT)

Nelson Mandela: Ansprache während der Maskakhane Focus Week, Botha-ville, Südafrika, 14. Oktober 1998. https://www.un.org/en/events/mandeladay/assets/pdf/mandela100-booklet.pdf, Stand vom 12. Januar 2021.

Michelle Obama: »Remarks by The First Lady during Keynote Address at Young African Women Leaders Forum«, 22. Juni 2011. https://obamawhite-house.archives.gov/the-press-office/2011/06/22/remarks-first-lady-during-key-note-address-young-african-women-leaders-fo, Stand vom 12. Januar 2021.

Alexandria Ocasio-Cortez: »Best of 2019 – When Alexandria Ocasio-Cortez met Greta Thunberg: ›Hope is contagious‹«. 29. Juni 2019. https://www.theguardian.com/environment/2019/jun/29/alexandria-ocasio-cortez-met-gre-ta-thunberg-hope-contagious-climate, Stand vom 12. Januar 2021.

Autumn Peltier: »Meet Autumn Peltier: 15-year-old internationally recog-nized clean water advocate and the Anishinabek Nation chief water commis-sioner«, 5. November 2019. https://www.womenofinfluence.ca/2019/11/05/meet-autumn-peltier-14-year-old-internationally-recognized-clean-water-ad-vocate-and-the-anishinabek-nation-chief-water-commissioner/, Stand vom 12. Januar 2021.

Kofi Annan: Pressemitteilung der Vereinten Nationen: »Secretary-General Em-phasizes Important Role of United Nations for New Millennium«. 15. Dezember 1999. https://www.un.org/press/en/1999/19991215.sgsm7262.doc.html, Stand vom 12. Januar 2021.

Neil deGrasse Tyson: Twitter, 31. Juli 2012. https://twitter.com/neiltyson/status/230345104433500161?lang=en, Stand vom 12. Januar 2021.

Sir David Attenborough: *The Arts Hour* von BBC World Service, 5. Januar 2019. https://www.bbc.co.uk/sounds/play/w3cswq0y, Stand vom 12. Januar 2021.

Helena Gualinga: 25. Weltklimakonferenz – »Indigenous Women from the Amazon: Calls to Action«. 21. Dezember 2019. https://www.wecaninternational.org/post/people-power-rises-for-climate-justice-at-cop25, Stand vom 12. Januar 2021.

Dr. Jane Goodall: Rede beim *Global Citizen Festival* 2018. https://news.janegoodall.org/2018/10/01/6539/, Stand vom 12. Januar 2021.

Anne Frank. Anne Frank's *Tales From The Secret Annexe (Geschichten und Ereignisse aus dem Hinterhaus)*. Übersetzt von Susan Massotty. (Halban, 2012).

Helen Keller: *Helen and Teacher – The Story of Helen Keller and Anne Sullivan Macy* von Joseph P. Lash. (AFB Press, 1980).

Marcus Samuelsson: »UNICEF Tap Project«, 2011. https://www.unicefusa.org/stories/how-unicef-tap-project-brought-safe-water-over-500000-people/30643, Stand vom 12. Januar 2021.

Königin Rania Al Abdullah von Jordanien: Rede beim *Global Citizen Festival* 2016, 24. September 2016. https://www.globalcitizen.org/en/content/gucci-chime-for-change-promote-gender-equality-201/, Stand vom 12. Januar 2021.

Ruth Bader Ginsburg: Zitat aus dem Gerichtsfall Reed vs Reed, 404 US, 1971. https://ukhumanrightsblog.com/2020/09/25/a-lifes-work-justice-ruth-bader-ginsburg-ruby-peacock/, Stand vom 12. Januar 2021.

Tim Cook: »Tim Cook speaks up«. Bloomberg, 30. Oktober 2014. https://www.bloomberg.com/news/articles/2014-10-30/tim-cook-speaks-up, Stand vom 12. Januar 2021.

Stevie Wonder: Verleihung der Grammy Awards 2016, 15. Februar 2016. https://www.youtube.com/watch?v=V-A9aajfcbU, Stand vom 12. Januar 2021.

Frida Kahlo: *The Biography of Frida Kahlo* von Hayden Herrera. (Bloomsbury, 2018), S. 254.

Émile Zola: *Mes Haines* von Émile Zola. (Editions Flammarion, 2012), S. 62.

Christopher Reeve: *Nothing is Impossible: Reflections on a New Life von Christopher Reeve.* (Ballantine Books, 2002, NY edition).

REGISTER